Mentor
Lektüre · Durchblick
Band 318

CHRISTA WOLF
Kassandra
Von Ulrike E. Beitler

Mentor Verlag München

Willkommen bei »Lektüre · Durchblick«!

Sie lesen gerade »Kassandra« im Deutschunterricht?

Dann finden Sie hier in knapper und verständlicher Form – oft auf besonders übersichtlichen Doppelseiten – genau die Informationen, die Sie jetzt brauchen.

Sie werden sehen: Wenn Sie sich mit diesem Hintergrund die »Kassandra« nochmals vornehmen, steht dem vollen Durchblick nichts im Wege. Denn je mehr Sie schon wissen, desto mehr entdecken Sie selbst im Text – und so macht Deutsch-Lektüre erst richtig Spaß!

Viel Erfolg!

Autorin und Verlag

Zitate und Abkürzungen:
K. Christa Wolf: Kassandra. Erzählung. München ²1994
    (= dtv 11870)
    © 1983 Luchterhand Literaturverlag, München
V. Christa Wolf: Voraussetzungen einer Erzählung: Kassandra. Frankfurter Poetik-Vorlesungen. München 1993 (= dtv 11871)
    © 1983 Luchterhand Literaturverlag, München
S. Querverweise innerhalb des vorliegenden Bandes

Die Autorin:
Ulrike E. Beitler, Gymnasiallehrerin für Deutsch und Englisch

Inhalt

Die Thematik	4
Der Inhalt in Kürze	5
Der mythologische Hintergrund	6
Die Personen	7
Die Götterwelt	10
Der geschichtliche Hintergrund	12
Die Handlung	**14**
Hintergrundwissen	**19**
Die Autorin	20
Das Gesamtwerk	22
Die Entstehung des Textes	24
Der Aufbau	26
Die literarische Form	28
Die sprachliche Form	29
Der Text in seiner Zeit	34
Lesetips	38
Interpretation	**41**
Aufgaben mit Lösungstips	57
Personenregister	63

Die Thematik

Christa Wolfs 1983 erschienene Erzählung »Kassandra« ist zwar nur ein schmales Bändchen, dennoch kapitulieren viele Leser davor: Es enthält so viele kunstvoll ineinander verwobene Aspekte, daß man beim ersten Lesen vielleicht nicht alles begreift.

Der vorliegende Band der Reihe »Mentor Lektüre·Durchblick« möchte Ihnen Mut zur Lektüre des lohnenden, vielschichtigen Werkes machen und zugleich Verständnishilfe sein.

Um was geht es in Christa Wolfs Buch?

Die Erzählung »Kassandra« ist zunächst eine Neubearbeitung des antiken Mythos vom Trojanischen Krieg für heutige Leser, aber weit mehr als nur das. Sie ist

- die Geschichte eines Krieges als Kritik am Krieg und als Kritik am Patriarchat, das solche Kriege auslöst; (die Erzählung weist aber auch den Anteil der Frauen an einem solchen Geschehen nach),

- die Darstellung eines Geschichtsmythos aus weiblicher Sicht (im Unterschied zur vorwiegend von Männern getragenen Geschichtsschreibung),

- die Utopie einer alternativen Gesellschaft unter der Führung des Weiblichen: ein Plädoyer für ein sanftes, harmonisches Zusammenleben von Mann und Frau,

- die Entwicklungsgeschichte Kassandras vom naiven Mädchen zur klugen, „sehenden" Frau: der Weg einer radikalen Selbstwerdung,

- und schließlich ein Buch, das in all diesen Aspekten aktuelle Fragen unserer heutigen Zeit behandelt: Politik, Gesellschaft, Religion, Psychologie, vor allem jedoch das Thema des „Sehen-Lernens".

Der Inhalt in Kürze

Vielleicht geht es Ihnen wie vielen Leserinnen und Lesern, die das Buch »Kassandra« interessiert aufschlagen, nach ein paar Seiten aber frustriert weglegen, weil sie keinerlei klare Handlungslinie erkennen können. Jetzt nicht aufgeben!

Versetzen Sie sich in die Lage der trojanischen Königstochter Kassandra: Nach Trojas Niederlage als Kriegsbeute nach Griechenland verschleppt, sitzt sie auf einem Wagen vor der Burg Mykene, und als Seherin weiß sie, daß sie nur noch Minuten von ihrer Ermordung trennen. Sie muß nun irgendwie mit ihrer Todesangst fertig werden. In dieser Situation rasen Gedanken und Erinnerungsfetzen ungeordnet durch ihren Kopf.

Zunächst zieht sich als roter Faden die Frage *Warum wollte ich die Sehergabe unbedingt?* (K. 6, 11) durch ihren Lebensrückblick. Dazu fallen ihr scheinbar zusammenhanglos Erlebnisse ein, die ihren Lebensweg mitbestimmt haben. Allmählich aber wird ihre Erzählweise chronologischer, als sie sich gedanklich mit dem zentralen Ereignis ihrer Lebenszeit auseinandersetzt: dem Trojanischen Krieg. Sie rekapituliert, wie er allmählich entstand (*Vorkrieg*, s. S. 14, 41), welche Menschen ihn verursacht haben und ihrerseits von ihm geprägt wurden, welche Unmenschlichkeiten sich in seinem Verlauf entwickelten und wie am Ende die ganze trojanische Kultur ausgelöscht wurde.

Alle, von denen sie berichtet, haben ihren ganz persönlichen Anteil an diesem Krieg: die griechischen „Feinde" ebenso wie ihre Familie, Menschen, die sie am liebsten verachten würde, ebenso wie solche, die sie kritiklos geliebt hat, und letztlich auch Kassandra selbst. Darüber legt sie vor sich selbst Rechenschaft ab.

Am Ende geht Kassandra ruhig und bewußt ihrem Tod entgegen.

Mythologischer Hintergrund

In der Erzählung greift Christa Wolf auf uralte Sagenkreise zurück, die uns vor allem in den Epen des griechischen Dichters Homer (s. S. 38) überliefert sind. Anders als bei Christa Wolf steht bei ihm die Verherrlichung männlicher Heldentaten im Mittelpunkt.

Vorgeschichte: Das Urteil des Paris

Der Hirte **Paris**, als Kind ausgesetzter Sohn des trojanischen Königs **Priamos**, soll den Streit der Göttinnen **Hera**, **Athene** und **Aphrodite** schlichten, wer von ihnen die Schönste sei. Er überreicht den Siegespreis, einen Apfel, an Aphrodite, die ihm dafür die schönste Frau der Welt, **Helena**, versprochen hat – die Frau eines griechischen Königs, des **Menelaos** von Sparta... Nach seiner Wiederaufnahme ins trojanische Königshaus entführt Paris Helena. Die Herrscher der griechischen Stadtstaaten verbünden sich, es entsteht –

Der Trojanische Krieg

Unter Führung des Königs **Agamemnon** von Mykene bricht ein Heer nach Troja auf. Der Griechen größter Held ist **Achill**, der in Troja auf den ihm ebenbürtigen **Hektor** trifft. Zehn Jahre dauern Belagerung und Krieg. Am Ende gewinnen die Griechen durch eine List des Odysseus: Zum Schein ziehen sie ihre Flotte ab, lassen aber eine große Holzfigur – das **Trojanische Pferd** – zurück, in dessen Bauch sich die besten Krieger versteckt haben. Die triumphierenden Trojaner mißachten die Warnungen des Sehers **Laokoon** und ziehen das Pferd in die Stadt. In der Nacht steigen die Griechen heraus, öffnen dem zurückgekehrten Heer die Tore und zerstören die Stadt. Nur **Äneas** entkommt mit ein paar Trojanern nach Latium (Italien). Er gilt als Stammvater der Römer: Romulus, der Gründer Roms, stammt der Sage nach von ihm ab.

Die Personen

Eine Vielzahl von Personen bevölkert Kassandras Erinnerungen: Trojaner und ihre Verbündeten, Griechen, Götter (s. S. 10f.). Christa Wolf hält sich weitgehend, aber nicht in allen Details an die Überlieferungen des Mythos.[1] (Belegstellen zu den Personen im Register, s. S. 63f.)

Trojanische Gesellschaft und Verbündete

Priamos: König von Troja (s. S. 41–46)
Hekabe: seine Frau, Königin von Troja
Hesione: Priamos' Schwester, von Griechen geraubt (s. S. 42f.)
Lampos: Verwandter des Königshauses, Hafenverweser, Gesandter („erstes Schiff")

Priamos hat mit Hekabe und anderen Frauen 19 **Kinder**. Neben **Kassandra** erwähnt die Erzählung:
- **Aisakos:** der Älteste, Sohn von Priamos und Arisbe, Seher; nach dem Tod seiner Frau **Asterope** nimmt er sich das Leben
- **Hektor:** zweitältester Sohn, verheiratet mit **Andromache**
- **Polyxena:** Tochter Hekabes, Vater unklar (s. S. 54)
- **Helenos:** Kassandras Zwillingsbruder, gilt auch als Seher
- **Paris:** trotz seiner Verbindung mit **Oinone** prahlt er damit, angeblich die Griechin **Helena** geraubt zu haben („drittes Schiff") und löst damit den Krieg aus (s. S. 6 und Fußnote S. 8)
- **Troilos:** jüngster Sohn, innig befreundet mit **Briseis**, der Tochter des Sehers **Kalchas**
- **Deiphobos** und **Lykaon:** spielen keine nennenswerte Rolle

Eumelos: Emporkömmling, Offizier (s. S. 53)
Andron: Offizier, wird zum Geliebten Polyxenas
Eurypylos: bringt Hilfstruppen aus dem benachbarten Mysien, Ehemann von Kassandra, Vater ihrer Zwillinge
Penthesilea: Königin der Amazonen (s. S. 54ff.)
Myrine: ihre enge Vertraute

---

[1] vgl. Ranke-Graves (s. S. 38), Tafeln 2 und 24, Kap. 158ff.

Als **Priester und Seher** erfüllen wichtige Aufgaben:
Panthoos: griechischer Apollonpriester, als Knabe mit dem „ersten Schiff" nach Troja gebracht (s. S. 14, 54)
Kalchas: Seher, flieht aus Troja (vom „zweiten Schiff") zu den Griechen (s. S. 14, 54)
Herophile: alte Priesterin
Laokoon: Poseidonpriester und Seher

Gegengesellschaft am Fluß Skamandros und Berg Ida
(s. S. 52f., 58f.)

Arisbe: lebendiges Abbild der Urmutter-Göttin (s. S. 53), Mutter des Aisakos
Anchises: Aineias' Vater, ideologischer Mittelpunkt dieser Gruppe (s. S. 53f.)
Aineias: Kassandras Freund, angeblich Sohn der Göttin Aphrodite, Anführer der Dardaner (s. S. 57f.)
Parthena: Kassandras Amme
Marpessa: deren Tochter, Kassandras Dienerin
Oinone: Paris' erste Frau
Merops: uralter Traumdeuter
und viele andere, zum Teil namenlose Personen aller Schichten, z. B. die griechische Sklavin **Killa**

Griechen (s. S. 43–46)

Agamemnon: König von Mykene, wird später von seiner Frau **Klytaimnestra** ermordet, weil er die gemeinsame Tochter **Iphigenie** aus politischen Gründen geopfert hat (s. S. 53)
Achill: „Held", angeblich Sohn der Göttin Thetis (s. S. 53f.)
Patroklos: Achills Freund
Kleiner Aias: Kassandras Vergewaltiger
Menelaos: König von Sparta, Ehemann der **Helena**[1]
Weniger wichtige Rollen in der Erzählung spielen die Könige **Odysseus** und **Diomedes** sowie der **Große Ajas**

---

[1] Helena ist in der Erzählung nicht wirklich in Troja, sondern ein *Phantom* (K. 81f.): vgl. S. 15, K. 80–83, V. 103, 110.

Griechen	Trojaner	
	Palast	**Gegenwelt**

Königshäuser

Griechen	Palast	Gegenwelt
Agamemnon v. Mykene	Priamos ⚭ Hekabe	Merops
⚭ Klytaimnestra	**Ihre Kinder:**	
Iphigenie	Aisakos ⚭ Asterope	Arisbe
	Hektor ⚭ Andromache	
	Deiphobos	Anchises
	Lykaon	
Menelaos v. Sparta	Polyxena	
⚭ Helena............+............	Paris ....⚭....................	Oinone
	Helenos	
	Kassandra............+............	Aineias
	⚭ Eurypilos............	Kassandras Zwillinge
	Troilos + Briseis	
Telamon v. Sparta	Lampos	
⚭ ◄──────────	Hesione	
Odysseus v. Ithaka		
Diomedes v. Argos		

Weitere Personen

Griechen	Palast	Gegenwelt
Achill	Eumelos	Parthena
Patroklos	Andron	Marpessa
Kleiner Aias		
Großer Aias		
Killa ──────────────────────────────►		

Amazonen

	Palast	Gegenwelt
	Penthesilea ──────────►	
	Myrine ──────────►	

Priester(innen)

Griechen	Palast	Gegenwelt
	Laokoon	
	Herophile	
Panthoos ──────────►		
◄────────── Kalchas		

Die Götterwelt

Im Unterschied zum überlieferten Mythos spielen die Götter in Christa Wolfs Erzählung zwar keine wichtige Rolle, ein Grundwissen darüber ist aber nötig, z. B. um Kassandras Kritik an der Männerwelt nachvollziehen zu können.

Vom Matriarchat zum Patriarchat

Die Ablösung der alten Idole durch den neuen griechischen Pantheon (= Götterhimmel) markiert auch die Zeitenwende zwischen den alten **matriarchalischen Gesellschaftsformen** und dem von griechischen Stämmen eingeführten **Patriarchat**.

Matriarchat (Mutterrecht)[1]: Vereinfachend gesagt, gilt (besonders bei den alten Ackerbau-Kulturen), daß die Frau als Gebärerin im Mittelpunkt des Klans steht: Sie besitzt Grund und Vieh und kümmert sich um Anbau und Kinder. Der Mann tritt durch Heirat in den Klan ein; Besitz wird matrilinear (= in weiblicher Linie) vererbt.

Patriarchat (Vaterrecht): der Mann wird zum alles bestimmenden und besitzenden Oberhaupt; Frauen und Kinder haben sich ihm unterzuordnen. Herkunft und Bürgerrecht beziehen sich auf den Vater, Haupterben sind die Söhne.

Die alten (matriarchalischen) Göttinnen

Kennzeichnend für matriarchalische Kulturen ist die Vorstellung einer Mutter- und Fruchtbarkeitsgöttin, die in vielen Namen und Gestalten verehrt und in ekstatischen Kulthandlungen gefeiert wird.

Kybele heißt sie in der kleinasiatischen Welt; ihr wird besonders in Wäldern und auf Bergen gehuldigt.

---

[1] Standardwerk dazu: Johann Jakob Bachofen: Das Mutterrecht. Zuerst 1861 (heute nicht mehr ganz unumstritten).

Selene (auch **Helle** oder **Helena**) heißt die alte spartanische Mondgöttin[1] (vgl. Kassandras Traum, K. 101).

Der griechische (patriarchalische) Götterhimmel

Auf diese alten Vorstellungen pflanzen die Griechen ihre neue patriarchalische Götterhierarchie:

Zeus: allgewaltiger Himmelsherrscher, zeugt mit seiner Gattin **Hera**, aber auch mit anderen Göttinnen und Menschenfrauen eine Vielzahl von Kindern, darunter

- **Athene**: in voller Rüstung aus Zeus' Kopf geboren[2], jungfräuliche Göttin der Weisheit, Kunst und Wissenschaft, Schutzgöttin der Helden und der Stadt Troja
- **Apollon**: Gott des Lichtes, der Musik und Dichtung sowie der sittlichen Reinheit, als **Phoibos Apollon** Sonnengott. Wie andere Götter ist er älteren, nicht-griechischen Ursprungs. Daher tritt er auch in dunklen Gestalten auf, z. B. als **Apollon Lykeios** bzw. **Smintheus**: Gott der Wölfe bzw. Mäuse (vgl. K. 19).[3] Andere seiner Beinamen lassen sich nicht mehr deuten (z. B. **Thymbraischer Apoll**, vgl. K. 144).[4]
- **Artemis**: Apollons Zwillingsschwester, Göttin der Jagd, der freien Natur, des Wachstums und der Geburt; Schutzgöttin der Amazonen
- **Aphrodite**: verheiratet mit dem Kriegsgott Ares, Göttin der Schönheit und Liebe, angeblich Mutter des Aineias

Poseidon: Bruder des Zeus, Gott der Meere und „Erderschütterer", tritt manchmal in Pferdegestalt auf und erhält Pferdeopfer

Thetis: verheiratet mit Peleus, Meeresgöttin, angeblich Achills Mutter

---

1 dazu Ranke-Graves (s. S. 38), Kap. 159.1 und V. 133f.
2 Ranke-Graves (Kap. 9.1.) interpretiert ihre Entstehung aus Zeus' Kopf als Verschlingung der alten weiblichen Weisheit (Göttin Metis) durch das Patriarchat (Zeus): Eine neue, vom Göttervater abhängige Weisheit(sgöttin) entsteht; vgl. auch V. 144f.
3 Ranke-Graves, Kap. 14.2.   4 s. auch V. 142.

Geschichtlicher Hintergrund

Daß die Sage einen historischen Kern hat, bestätigen uns Forschungen der Historiker und Archäologen.[1] Christa Wolf hat sich für »Kassandra« mit diesen Erkenntnissen intensiv auseinandergesetzt.

Das historische Troja

An der Meerenge der Dardanellen (auch Hellespont genannt) günstig gelegen, war **Troja** einst ein reicher Zoll- und Umschlagplatz. Die Stätte existierte ca. 5000 Jahre lang (3600 v. Chr. – 1500 n. Chr.) und wurde in dieser Zeit mindestens neunmal erobert und geplündert. Die Zerstörung durch den Trojanischen Krieg der Sage datiert man heute auf ca. 1200 v. Chr.; danach hat die Stadt nie mehr große Bedeutung erlangt.

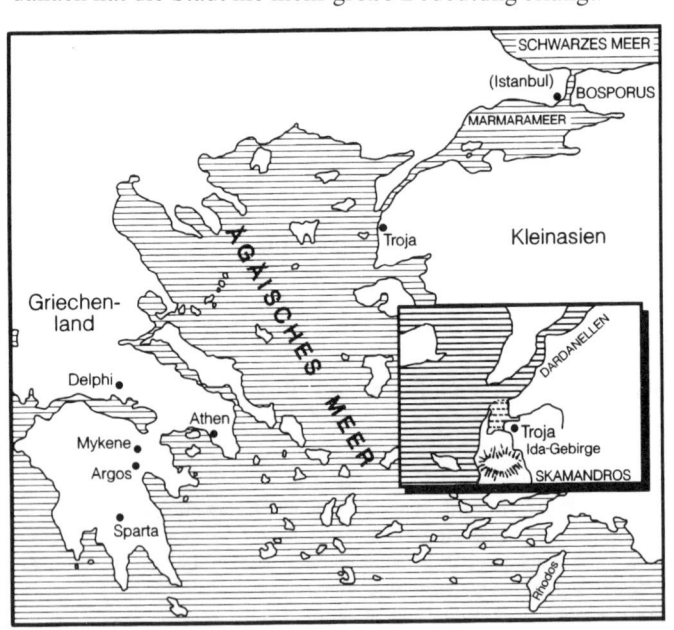

Die ägäischen Kulturen

Eine der ältesten bekannten Kulturen im Mittelmeerraum ist **die kretisch-minoische Kultur** (2600–1200 v. Chr.). Aufgrund von Ausgrabungsfunden (Kunst, Architektur) vermutet man, daß sie matriarchalisch (s. S. 10) geprägt war; fehlende Befestigungen lassen auf eine friedliche, handeltreibende Gesellschaft schließen.

Ab ca. 2000 v. Chr. wandern fremde „hellenische" Stämme (Ioner und Aioler, später Achaier und schließlich Dorer) in Griechenland ein (1. indoeuropäische Wanderung) und begründen **die mykenische Kultur** (1600–1200 v. Chr.), die die kretisch-minoische zunächst überlagert, dann ablöst; die Insel Kreta wird um 1400 von ihnen erobert. Diese Einwanderer leben von Eroberungen und Raub und verdrängen so die jeweils ansässigen älteren Stämme. Die neue Kultur ist patriarchalisch (s. S. 10): sie legt mehr Wert auf klare Strukturen (etwa in Architektur und Hierarchie), und ihr Geist ist kriegerisch-expansiv (aus Homers Schilderungen geht ihre Gewalttätigkeit hervor).

Solche Hellenenkrieger sind es, die Troja überfallen, vermutlich um den Handelsweg zum Schwarzen Meer (Hellespont) zu kontrollieren.[1] Ihre Vorherrschaft wird beendet, als um 1200 v. Chr., also nach dem Trojanischen Krieg, wieder neue Stämme nach Griechenland vordringen und die inzwischen dort ansässig gewordenen Kulturen verdrängen (2. indoeuropäische Wanderung), welche z. T. nach Kleinasien auswandern. Die Etrusker, Vorfahren der Römer, ziehen dagegen von Kleinasien weg nach Italien (vgl. Äneas-Sage, s. S. 6).[2]

---

1 u. a. Michael Wood: Der Krieg um Troja. Geschichte der Stadt, ihrer Wiederentdeckung und der neuesten Grabungen. Frankfurt a. Main 1985.
2 Dieser heute vermutete Kriegsgrund ist auch ein Beleg dafür, daß es beim Trojanischen Krieg nicht primär um eine Frau, Helena, ging (vgl. K. 38, V. 110).

Die Handlung

Kassandras sprunghaft erzählte Erinnerungsstücke machen zwar Stil und Reiz ihres Angstmonologs aus; aus den Bruchstücken läßt sich ihre Lebensgeschichte dennoch chronologisch rekonstruieren (s. auch Tabelle S. 16f. und vgl. V. 96f.).

Eine Vorkriegsjugend

Kassandra ist eine Tochter von **Priamos**, dem König des kleinasiatischen Stadtstaats Troja, wo sie unter zahlreichen Geschwistern behütet und geliebt aufwächst. Besondere Zuneigung zeigt sie gegenüber ihrem Vater, dessen Lieblingstochter sie ist. Als Kind erlebt Kassandra die Vorbereitungen für einen Krieg ihrer Heimatstadt mit den aufstrebenden jungen Stadtstaaten Griechenlands.

Kassandras Onkel **Lampos** wird nach Delphi (Griechenland) gesandt, um das Orakel nach der Sicherheit von Trojas neuen Mauern zu fragen („erstes Schiff"). Erfolglos kehrt er zurück, doch er bringt den jungen Priester **Panthoos** mit. Dieser schafft in der Folgezeit den Brauch des Knabenopfers ab.

Ein paar Jahre später fährt das „zweite Schiff" nach Griechenland. Diesmal lautet der offizielle Auftrag, **Hesione**, des Königs Schwester, zurückzuholen, die als Kind vom Spartaner **Telamon** „geraubt", dann aber dessen Gattin und damit Königin wurde. Das Schiff kehrt zurück ohne Hesione und ohne den Seher-Priester **Kalchas**: der ist aus Angst vor den Konsequenzen einer erfolglosen Rückkehr zu den Griechen übergelaufen, hat man ihm doch vorher ein günstiges Orakel abverlangt.

Das Mädchen Kassandra kümmert sich zu dieser Zeit noch nicht viel um Politik, denn sie hat eigene Sorgen: ihre Beziehungen zur großen Familie, die aufkeimende Liebe zu ihrem Jugendfreund **Aineias** und ihr Wunsch, Priesterin des Gottes **Apollon** zu werden.

Wieder ein paar Jahre später, während sie sich auf dieses Amt vorbereitet, geht ein „drittes Schiff" nach Griechenland ab. Ihr totgeglaubter Bruder **Paris** ist wieder aufgetaucht und vom Vater freudig in die Familie aufgenommen worden. Nun segelt er nach Griechenland, um Hesione zu holen, und wenn nicht sie, dann **Helena**, die Frau des Spartanerkönigs **Menelaos**. Unterstützung erfährt seine aggressive Politik durch den Emporkömmling und Kriegstreiber **Eumelos**. Auch dieses dritte Schiff kehrt erfolglos zurück – diesmal jedoch im Dunkeln, ohne die übliche jubelnde Menge und ohne Helena, aber das bleibt vorläufig Staatsgeheimnis.

Entwicklung einer Seherin

All dies hat Kassandra beobachtet, und sie hat angefangen, sich und anderen Fragen zu stellen und Widersprüche in den Aussagen und Handlungen ihrer Umgebung wahrzunehmen – sie beginnt zu „sehen". Am Anfang fällt es ihr schwer, bei geliebten Angehörigen Verhaltensweisen zu akzeptieren, die ihr unverständlich oder unlogisch erscheinen, und sie reagiert darauf mit „Anfällen", die als Wahnsinn gedeutet werden. Als sie aber beginnt, Lügen zu enttarnen und als solche zu benennen, macht sie sich langsam unbeliebt, besonders bei ihrem immer noch hochverehrten Vater, und sie gerät dadurch zunehmend in politische und menschliche Isolation. Dies macht ihr Angst und stellt sie vor die Alternative, entweder ihren eigenen Weg weiterzugehen, oder sich – unter Verrat an ihrer Integrität – dem verlogenen System anzupassen.

Einfluß des Krieges

Kassandras ganzes Leben wird entscheidend mitgeprägt von dem Konflikt, der sich seit ihrer Kindheit langsam

Chronologi

Äußere Ereignisse/Politik

Vorkrieg

Aussetzung von Paris (K. 58ff.)
„1. Schiff" (K. 37f.)
Panthoos schafft Knabenopfer ab (K. 41)
Aisakos' Tod (K. 50)
„2. Schiff" (K. 42ff.)
Tempelbezirk: Defloration (K. 20ff.)

Rückkehr von Paris (K. 52ff.)
Eumelos taucht auf (K. 53, 65ff.)
Besuch von Menelaos (K. 60ff.)

„3. Schiff" (K. 52f., 64, 70, 75f.)
Rückkehr von Paris ohne Helena (K. 78ff.)

10 Jahre Krieg
 Beginn

Troilos' **Tod** (K. 84ff.)
Verwüstung der Dörfer durch Achill (K. 100

 Mitte

Penthesilea kommt (K. 133)

 gegen Ende

Tod Penthesileas (K. 138ff.)

Tod Achills (K. 150)
„Verkauf" Kassandras an Eurypilos (K. 153f
Zerstörung Trojas (K. 156f.)

Nachkrieg
 Sturmnacht
 letzter Tag

Überfahrt nach Griechenland (K. 5f., 11f.)
Kassandra als Kriegsbeute in Mykene

er Ereignisse

Kassandras Entwicklung

	Vor Kassandras Geburt
	Kindheit
kindlicher Erst-Anfall (K. 51f.)	
1. Anfall (K. 46f.)	**Mädchenzeit**
Begegnung mit Aineias (K. 20ff.)	Pubertät
mit Kybele-Kult (K. 24f.)	
mit Arisbe (K. 57ff.)	
	Priesterweihe
2. Anfall (K. 69ff.)	
3. Anfall (K. 80ff.)	
Liebe zu Aineias (K. 102f.)	
Leben am Ida/Skamandros (K. 61) in der	
Gegenwelt um Anchises (K. 105ff.)	
und Arisbe (K. 61)	
eingemauert im „Heldengrab" (K. 147ff.)	
Geburt der Zwillinge (K. 154f.)	
Abschied von Aineias (K. 7, 87, 91, 158f.)	
zur Vollendung gereifte autonome	
Persönlichkeit:	**Seherin**

© *Mentor*

zwischen Troja und Griechenland entwickelt hat, bis schließlich – als sie erwachsen und Priesterin ist – der Krieg endgültig ausbricht. Sie muß erkennen, daß das Verhalten ihrer Landsleute, ja ihrer eigenen Familie maßgeblich zu dieser Tragödie beiträgt. Kassandra „sieht" unter Qualen, wie Unrecht zu Untaten führt und wie ihre Trojaner sich unter dem Eindruck der Kriegsgreuel verändern. Am Ende eskaliert alles in blanke Barbarei.

Eine Alternative zum Krieg

Je schlimmer sich der Krieg entwickelt, desto mehr sucht Kassandra Halt bei einer Menschengruppe außerhalb der Mauern Trojas, zu der sie über ihre Dienerin **Marpessa** gefunden hat und zu der auch ihr Freund **Aineias** und dessen alter Vater **Anchises** gehören. Diese „Gegengesellschaft" lebt am Berg Ida und am Fluß Skamandros: Hauptsächlich Frauen, aber auch einzelne Männer, versuchen dort, ein besseres, „wahreres" Leben zu führen, da sie allesamt unter den Kriegswirren und der Politik Trojas leiden. Je weiter die Brutalisierung des Krieges die Stadtgesellschaft zerstört, desto mehr fühlt sich Kassandra am Skamandros verstanden und zu Hause.

Das Ende – der Anfang der Erzählung

Im Durchleben all des Leidens hat Kassandra schließlich „sehen" gelernt: Sie macht sich und anderen nichts mehr vor. So kann sie auch den größten Schmerz aushalten, vom eigenen geliebten Vater eingemauert und später aus kriegstaktischen Gründen an den ihr gleichgültigen **Eurypylos** verheiratet zu werden. Da sie alle Konsequenzen überschaut, verzichtet sie am Ende kompromißlos auf die Flucht mit **Aineias**: Sie will sich der neuen, vom griechischen Heldenkult geprägten Welt nicht unterordnen. So wird sie mit anderen Frauen und ihren beiden Kindern als Kriegsbeute ins griechische Mykene verschleppt, wo sie bei klarem Bewußtsein den Tod erwartet.

Bevor wir nun mit einer detaillierten Interpretation der Erzählung beginnen, müssen wir auf den folgenden Seiten noch einige Fragen zum Hintergrund klären, um das Werk in all seinen Facetten verstehen zu können.

Zunächst geht es um **die Autorin Christa Wolf**, denn jede Gestalt, die ein Schriftsteller „erfindet" oder in die er sich hineinversetzt, trägt Züge ihres Schöpfers:
- Wer ist Christa Wolf?
- Was hat sie außer »Kassandra« geschrieben?
- Was interessiert eine (DDR-)Schriftstellerin des 20. Jahrhunderts an einer mythischen Figur, einer antiken Seherin?
- Welche Bezüge zur Entstehungszeit lassen sich erkennen?

Darüberhinaus werden für Sie noch andere Aspekte von Interesse sein,
z. B.: **»Kassandra« als literarisches Kunstwerk:**
- Was läßt sich über den Aufbau sagen?
- Welcher literarischen Gattung kann man es zuordnen?
- Welche sprachlichen Besonderheiten weist das Werk auf?

oder: **»Kassandra« und die Sage vom Trojanischen Krieg:**
- Welche anderen Fassungen des Trojastoffes gibt es?
- Wie kann ich mich weiter in den Stoff einarbeiten?

Darauf folgt ein ausführlicher **Interpretationsteil**, ergänzt mit einzelnen Aufgabenstellungen und möglichen Lösungen dazu.

Am Ende fügen wir noch ein **Personenregister** an, das sich für die Arbeit speziell mit diesem Buch als besonders hilfreich erwiesen hat.

Die Autorin

Christa Wolf
* 1929 Landsberg (Warthe)

Christa Wolf ist die wohl bekannteste Schriftstellerin der (ehemaligen) DDR. Ähnlich ihrer „Heldin" Kassandra hat sie selbst einen langen Entwicklungsweg hinter sich.

1929	in Landsberg an der Warthe (heute Górzow Wielkopolski, Polen) geboren, erlebt sie als Kind die Hitlerzeit, den Zweiten Weltkrieg und die Umsiedlung nach Mecklenburg. Wie viele andere junge Leute engagiert sie sich politisch, weil solche einschneidenden Ereignisse nie wieder stattfinden sollen.
1945	
1949	tritt sie daher als Abiturientin in die SED (Sozialistische Einheitspartei Deutschlands) ein, als man große Hoffnungen auf die neuentstandene „Deutsche Demokratische Republik" setzt.
1951	heiratet sie Gerhard Wolf, in der Folge bekommt sie zwei Töchter.
1953	schließt sie ihr Germanistikstudium ab und arbeitet als Redakteurin und Lektorin bei verschiedenen Verlagen. Sie gehört also zum kulturellen Establishment des jungen Staates, der ihre ersten Werke so wohlwollend aufnimmt, daß sie bereits
1955	im Schriftstellerverband der DDR Mitglied wird.
1962	kann sie sich schließlich als freie Schriftstellerin in Kleinmachnow bei Berlin niederlassen.

Die Autorin

Nun entstehen eine Reihe von Werken, mit denen sie in Ost und West gleichermaßen berühmt wird (die wichtigsten davon sind ab S. 22 aufgeführt), dazu weitere Erzählungen, Aufsätze, Betrachtungen, Briefe und Reden, teilweise zusammen mit ihrem Mann, Gerhard Wolf. Sie wird international mit vielen Preisen und Ehrungen ausgezeichnet, z.B. mit mehreren Ehrendoktorwürden. Ihre Aktivität beschränkt sich aber nicht nur auf akademische Gebiete: Zeitweilig (1963–67) ist sie auch Kandidatin des Zentralkomitees der SED.

Eine steile, eindeutige Karriere!? Eine (partei)linientreue Autorin als Aushängeschild ihres Staates?

Auf den ersten Blick mag dies so aussehen, und es ist ihr in den ersten Jahren nach der Wende 1989 vielfach vorgeworfen worden, daß sie sich nicht entschieden gegen das System gestellt hat, sondern sich im Gegenteil in dessen Dienste habe nehmen lassen. Dagegen steht aber – als ein Beispiel unter anderen – ihre kritische Haltung im Jahre 1976, als sie einen offenen Protestbrief an die Regierung gegen die Ausbürgerung des Liedermachers Wolf Biermann unterzeichnete, woraufhin man sie aus dem Vorstand der Berliner Sektion des Schriftstellerverbandes ausschloß. Im Juni 1989 (die Wende war im November 1989) ist sie aus der SED ausgetreten, 1993 aus beiden Akademien der Künste Berlin.

Was denkt, was sagt Christa Wolf nun wirklich?

Am besten macht man sich selbst ein Bild über die Autorin und ihr Verhältnis zum Staat und anderen Dingen: Man braucht dazu nur genau zu lesen. So sind von ihr folgende Sätze veröffentlicht (aus einem Gespräch 1987/88):

Literatur kann ja den „blinden Fleck" in dieser Zivilisation, den Grund für ihre Destruktivität, ihre Liebesunfähigkeit, nur in persönlichen Geschichten umkreisen, mit denen der Autor [...] sehr nah an sich selbst, an sein Versagen, seine Schuld herangehen muß.[1]

---
1 zit. nach Christa Wolf: Im Dialog (s. S. 40), S. 66.

Das Gesamtwerk

Bei aufmerksamem Lesen ihrer Werke zeigt sich, daß Christa Wolf der DDR gegenüber immer eine sehr differenzierte Haltung eingenommen hat. Stets auf das Schicksal e i n z e l n e r Figuren bezogen, schildert sie mit großer Genauigkeit, wie diese auf ihre jeweiligen Lebensumstände reagieren, zu denen immer auch die politisch-gesellschaftliche Ordnung gehört.

1963 **Der geteilte Himmel** (Roman)
Deutschland vor dem Mauerbau: Die Lehramtsanwärterin Rita findet ihre Selbstverwirklichung im kollektiven Aufbau des Sozialismus. Ihr Freund Manfred dagegen sucht sein Heil im Individualismus des Westens, obwohl dies das Ende seiner Liebesbeziehung zu Rita bedeutet.
Auch wenn Christa Wolfs Sympathie hier noch dem Aufbau einer sozialistischen Gesellschaft gehören mag, so macht sie doch dem Leser die Entscheidung Manfreds für seinen eigenen Weg verständlich.

1968 **Nachdenken über Christa T.** (Roman)
Die Geschichte einer jungen DDR-Bürgerin: Kindheit, Studium, Landarbeit und früher Tod durch Leukämie. Ähnlich wie in »Kassandra« wird hier in Rückblenden, Gedankenspielen und wechselnden Erzählperspektiven das Spannungsverhältnis zwischen der Gesellschaft und einem Individuum gezeichnet, das Anspruch auf Entfaltung einer eigenen Persönlichkeit erhebt.

1976 **Kindheitsmuster** (Roman)
Die Geschichte der Nelly Jordan aus L. an der Warthe: Hier fahndet eine Erzählerin, die viel Ähnlichkeit mit Christa Wolf hat, nach den Ursachen des Faschismus und seines Einflusses auf die Menschen.

1979 **Kein Ort. Nirgends** (Erzählung)
Die fiktive Begegnung der beiden Dichter Heinrich von Kleist und Karoline von Günderode im Juni

1804: Beide sind Außenseiter der Gesellschaft, die mit dieser Rolle zurechtzukommen versuchen.
In diesem Bändchen finden sich Sätze, die bereits auf die Thematik der »Kassandra« hindeuten, z. B.

> *Die Zeit scheint eine neue Ordnung der Dinge herbeiführen zu wollen, und wir werden davon nichts als bloß den Umsturz der alten erleben. [...]*
> *Wir wissen zuviel. Man wird uns für rasend halten. Unser unausrottbarer Glaube, der Mensch sei bestimmt, sich zu vervollkommnen, der dem Geist aller Zeiten strikt zuwiderläuft. Ein Wahn?*[1]

1983 **Kassandra** (Erzählung)

Dazu schreibt die Autorin am 21.3.1993 an Günter Grass:

> *Ich habe dieses Land* [= die DDR] *geliebt. Daß es am Ende war, wußte ich, weil es die besten Leute nicht mehr integrieren konnte, weil es Menschenopfer forderte. Ich habe das in »Kassandra« beschrieben [...]; ich wartete gespannt, ob sie es wagen würden, die Botschaft der Erzählung zu verstehen, nämlich, daß Troja untergehen muß. Sie haben es nicht gewagt und die Erzählung ungekürzt gedruckt. Die Leser in der DDR verstanden sie.*[2]

1996 **Medea. Stimmen** (Roman)

Wieder wird eine antike Gestalt neu interpretiert: Aus ihrer korrupten Heimat geflohen, enttarnt Medea ihre neue Umgebung als ebenso verbrecherisch und machtbesessen; sie erfährt Haß und Ausgrenzung, ihre Kinder werden ermordet.

---

1 zit. nach der Ausgabe dtv 11928, München 1994, S. 138 und 150.
2 aus: Christa Wolf: Auf dem Weg nach Tabou (s. S. 40), S. 262f.

Wie kommt die DDR-Autorin zu dem antiken Erzählstoff?

Wie ihre Werke zeigen, hat Christa Wolf immer mit Interesse verfolgt, was um sie herum und in der Welt vorging. Anfang der achtziger Jahre findet zum einen in der Öffentlichkeit eine intensive Feminismusdebatte (vgl. V. 114ff.) statt, zum anderen ist es die Zeit des Krieges Iran-Irak und allgemein bedrohlichen Hochrüstens in Ost und West. Christa Wolf reagiert auf beides in ihrem Tagebuch (16. 5. 1980):

> *Die Literatur des Abendlandes, lese ich, sei eine Reflexion des weißen Mannes auf sich selbst. Soll nun die Reflexion der weißen Frau auf sich selbst dazukommen? Und weiter nichts?*
> *Die Oberkommandos der NATO und des Warschauer Pakts beraten über neue Rüstungsanstrengungen, um der angenommenen waffentechnischen Überlegenheit des jeweiligen „Gegners" etwas Gleichwertiges entgegensetzen zu können. Die Einsicht, daß unser aller physische Existenz von den Verschiebungen im Wahndenken sehr kleiner Gruppen von Menschen abhängt, also vom Zufall, hebt natürlich die klassische Ästhetik endgültig aus ihren Angeln, ihren Halterungen, welche, letzten Endes, an den Gesetzen der Vernunft befestigt sind.* (V. 84, vgl. dazu auch V. 93–96, 112)

Jahre später, am 11. Dezember 1989, sagt sie rückblickend:

> *Wir hatten Angst vor einem Atomkrieg, vor der Vernichtung unserer Zivilisation. Ich fragte mich: Wo liegen die Wurzeln dieser zerstörerischen Kräfte unserer Zivilisation, die zur Selbstvernichtung führen? Ich ging immer weiter zurück in der Geschichte. Die sinnliche Erfahrung der griechischen Landschaft, als ich die alten Stätten sah, war entscheidend. Da hatte ich den Ort, an dem ich die Erzählung festmachen konnte. Ich suchte nach einer Metapher, dafür, wie eine Frau sich in einer solchen zerstörerischen Gesellschaft verhalten konnte. Kassandra und Troja waren das Modell dafür.*[1]

Wie hat Christa Wolf dieses „Modell Kassandra" gefunden?

Anders als die Masse der DDR-Bürger darf die dekorierte, hofierte Autorin ihren Urlaub auch im Ausland verbringen. Im Frühjahr 1980 verpaßt sie das Flugzeug nach Griechenland. Während sie auf den nächsten Start wartet, liest sie in der »Orestie«, einer antiken Tragödien-Trilogie des griechischen Dichters Aischylos (s. S. 39). Hier begegnet ihr die Figur der Kassandra, die sie sofort fasziniert:
– eine Frau, die die Wirklichkeit hinter all den Fassaden einer von Männern gemachten, grausamen Politik „sehen" lernt,
– eine Gestalt auf der Suche nach einem Ausweg aus dem ewigen Kreislauf von Sieg und Niederlage,
– eine „Dissidentin", die sich dem gesellschaftlichen Zwang des Jasagens und Mitmachens nicht beugt, sondern lieber die Einsamkeit des „Sehers" auf sich nimmt.

Christa Wolf beginnt intensive Recherchen zu dieser Gestalt und ihrem Umfeld, wie sie in ihren vier Frankfurter Vorlesungen ausführlich belegt: Aus Archäologie, Geschichte, Mythologie, Theologie und Literatur schält sie die Figur Kassandra heraus als eine für die heutige Gegenwart verständlich reagierende Frau (vgl. V. 126f.); auch eigene Eindrücke aus Griechenland gehören dazu. So schildert sie u. a. ihren Besuch der überlieferten Todesstätte der Seherin: das Löwentor in der antiken Königsstadt Mykene. Dort versucht sie, sich noch mehr in ihre Protagonistin einzufühlen:

 Jetzt steht sie zwischen den kyklopischen Mauern. Vom Tor her starren die Löwen sie an, die jetzt kopflos sind. Sie muß hinein. [...] Dagegen wir: auf sonnenbeschienenen steinernen Wegen im Strom der Touristen höher hinauf, [...]. (V. 76)

Mit ähnlichen Worten beginnt ihre Erzählung!

---

1 zit. nach Christa Wolf: Im Dialog (s. S. 40), S. 151.

Der Aufbau

Der doppelte Rahmen der Erzählung

Auktoriale(r) Erzähler(in): Vor dem Löwentor[1] im griechischen Mykene versucht er/sie, sich in Kassandra hineinzudenken, läßt sie in seinem/ihrem Kopf Gestalt annehmen (ganz kurz auf der ersten und der letzten Seite der Erzählung zu erkennen).

Achtung: Die Erzählerfigur ist nicht identisch mit dem Autor, also auch hier nicht gleichzusetzen mit Christa Wolf.

Ich-Erzählerin Kassandra: Vor dem Löwentor auf ihre Ermordung wartend, überdenkt sie – ungeordnet – die wichtigen Fragen ihres Lebens. Ihre Erinnerungen unterbricht sie nur selten und übergangslos, z. B. wenn sie ein paar Sätze mit Marpessa oder mit dem Wagenlenker wechselt oder Bewegungen der sie anstaunenden Griechen beschreibt (z. B. K. 15, K. 133f.).

Die Struktur des Erinnerungsmonologs

Kassandras Todesangst bestimmt neben dem Inhalt auch Aufbau und Stil der Erzählung. Wir erfahren ihre Geschichte nicht chronologisch, d. h. der Reihe nach, sondern in Erinnerungsstücken, als ein Mosaik von Gedankenfetzen: Sie denkt bzw. erzählt sprunghaft, assoziativ, in Vor- und Rückblenden, Einschüben, Kreisen, besonders zu Beginn ihrer Erinnerungen (s. S. 29).

In der Folge gelingt es Kassandra, ihre Todesangst zu überwinden: Nach gründlichem Durchdenken ihrer Lebensgeschichte sagt sie entschieden Ja zu ihrem Schicksal und damit Nein zur Flucht mit Aineias: *die Wiederholung. Die ich nicht mehr will* (K. 134).

Dies zeigt sich auch am ruhiger werdenden Erzählrhythmus: Die zunächst schnell wechselnden Assoziationen werden im Verlauf des Monologs immer länger, ausführlicher, ja sogar annähernd chronologisch.

---

[1] Hinweise zum „Löwentor" als Symbol s. S. 32f.

Gegenwart des Erzählers

Hier war es. Da stand sie. Diese steinernen Löwen, jetzt kopflos, haben sie angeblickt. (K. 5)

Der Aufbau

Löwentor
Mykene
Griechenland

Kassandras Gegenwart

Mit der Erzählung geh ich in den Tod. Hier ende ich, ohnmächtig, … (K. 5)

Kassandras Lebensbilanz

Wie lernt man „Sehen"?	*Das Glück, ich selbst zu werden und dadurch den andern nützlicher – … (K. 15)*
Wie entsteht Krieg?	*Wann **Krieg** beginnt, das kann man wissen, aber wann beginnt der Vorkrieg. (K. 78)*
Wie sieht die Alternative zum Krieg aus?	*Zwischen Töten und Sterben ist ein Drittes: **Leben**. (K. 136)*

Das Licht erlosch. Erlischt. Sie kommen. (K. 159)

Hier ist es. Diese steinernen Löwen haben sie angeblickt. Im Wechsel des Lichts scheinen sie sich zu rühren. (K. 159)

Die literarische Form

Christa Wolf bezeichnet »Kassandra« als „Erzählung" und wählt damit einen Gattungsbegriff, der im Unterschied zu anderen Gattungen relativ unscharf ist (vgl. V. 131).

Die Erzählung

vermittelt dem Leser die Gedanken einer einzigen Person, ein Geschehen wird aus einer **einzigen Perspektive** mitgeteilt. (Im Roman gibt es dagegen mehr als einen Handlungsstrang, das Geschehen wird aus verschiedenen Blickwinkeln beleuchtet, oft von mehreren Erzählern.)

Um mehr Spannung zu erzielen, enthält erzählende Literatur (dazu gehören auch Roman, Novelle, Kurzgeschichte) häufig auch **„dramatische Elemente"**: Dann läßt der Autor nicht mehr mittels eines Erzählers **über** die Handlung berichten, sondern seine Personen sprechen in einem **Dialog** unmittelbar miteinander (z. B. K. 136f., 144ff.).

Die moderne Erzählliteratur

hat die psychologische „Selbstauskunft" noch verfeinert: Anstatt über sich selbst zu berichten (etwa so: „Da dachte ich: Das ist die Sehergabe!"), gibt der Erzähler z. B. im **inneren Monolog** seine Gedanken so direkt wieder, wie sie im Kopf entstehen – als Einzelwörter, halbe Gedanken, Assoziationsketten:

Die Sehergabe. Das war sie. Ein heißer Schreck. Ich hatte sie mir erträumt. Mir glauben – nicht mir glauben – man würde sehn. (K. 29)

Diese **Bewußtseinsstrom-Technik** erlaubt, indirekt eine Menge über die psychische Verfassung der Ich-Erzählerin Kassandra auszudrücken: Z. B. wird Vergangenes in der Gegenwart nach-erlebt (s. obiges Zitat), andere Gedanken werden durch Sinneseindrücke und Gefühle ausgelöst: *Ich hab ein Angst-Gedächtnis. Ein Gefühls-Gedächtnis* (K 122; s. auch K. 42 sowie S. 29f. und 61).

Alles, was wir aus Kassandras Erinnerungsmonolog inhaltlich erfahren, wird über das Medium **Sprache** transportiert. Wenn diese auch auf den ersten Blick recht konfus und schwierig erscheint, so ist dies doch bereits Teil der Aussage.

1. Kassandras Situation als Todgeweihte bestimmt ihren Stil

– *Jetzt noch, kurz eh ich selbst geschlachtet werde und die Angst die Angst die Angst mich zwingt zu denken [...].* (K. 84; alle Unterstreichungen S. 29–31 durch die Autorin)
– *Rasend schnell die Abfolge der Bilder in meinem müden Kopf, die Worte können sie nicht einholen.* (K. 52)

Kassandra legt vor sich selbst Rechenschaft über ihr Leben ab, **selbstkritisch** – dazu gehören viele (rhetorische) **Fragen**:
– *Warum wollte ich die Sehergabe unbedingt?* (K. 6, 11)
– *Priesterin werden, um Macht zu gewinnen?* (K. 61) –
und **sprachkritisch**:
– *Gern wüßte ich (was denk ich da! gern? wüßte? ich? Doch. Die Worte stimmen.) [...]* (K. 22);
– *Sie war, was denk ich da. Ist! – in meinem Leben die Schweigsamste.* (K. 56)

Auch ihr **Satzbau** spiegelt Denkvorgänge und Gefühlszustände wider; wir finden auffallend viele Ellipsen und Satzbrüche sowie Einschübe:
– *Ungut, übermüdet in den Tod zu gehn.* (K. 49)
– *Ich aber. Ich allein sah.* (K. 69)
– *Werd ich, um mich nicht vor Angst zu winden, um nicht zu brüllen wie ein Tier – wer, wenn nicht ich, sollt das Gebrüll der Opfertiere kennen! – werd ich denn bis zuletzt, bis jenes Beil. – Werd ich denn noch, wenn schon mein Kopf, mein Hals – werd ich um des Bewußtseins willen bis zuletzt mich selber spalten, eh das Beil mich spaltet, werd ich –* (K. 27f.)

Satzzeichen in ungewöhnlicher Verwendung verstärken die Aussagekraft der Sätze und zeigen die Gefühle Kassandras, ebenso wie viele ihrer Ausrufe:
– *War es dasselbe.* (K. 63); *Wie!* (K. 69)

– *Soll ich doch absteigen.* (K. 89)
– *O wenn doch diese die Liebe nicht kennten.* (K. 30)

Im Laufe ihrer Erinnerungen wird sie ruhiger, sie schafft es, ihre *Gefühle durch Denken* [zu] *besiegen* (K. 11); dies hat sie, als Priesterin und Seherin, ihrem eigenen Anspruch gemäß, *lebenslang geübt* (K. 11). Sie kann sich sogar auf einen längeren Dialog mit dem Wagenlenker einlassen (K. 133ff.).

2. Die Sprache der antiken Seherin

Sie ist vielfach erkennbar am **überhöhten Stil** (Satzbau!), der häufig von einer **Rhythmisierung** der Sprache getragen ist, meist im **Jambus** (∪ ́; Versmaß des klassischen Dramas):
– *Groß vór mir stánd der Klýtaimnéstra Ráche.* (K. 63)
– *Ich ságte: Néin. Das wár beináh das éinzge Wórt, das mír noch blíeb.* (K. 132)

seltener in anderen Metren wie z. B. **Trochäus** (́∪; griech.: der Laufende, Rennende)
– *Wíe er láufen kónnte – Gótter! –, áls Achíll das Víeh ihn úm die Féstung jágte.* (K. 67)

Dazu gehören auch **Klangfiguren**:
z. B. **Alliterationen**:
– *das ewig gleiche <u>Ge</u>murmel, <u>Ge</u>wisper und <u>Gesch</u>wätz der <u>Gesch</u>wister* (K. 34)
– *in der aufgeregt <u>sch</u>natternden <u>Sch</u>ar der <u>Sch</u>western, <u>w</u>eh und <u>w</u>und, aufgerissen.* (K. 54)

z. B. **Anaphern**:
– *<u>Wenn ich</u> das könnte. <u>Wenn ich</u> den Namen tilgen könnte, […]. <u>Wenn ich</u> ihn ausbrennen könnte […].* (K. 12)
– *Jetzt […] Jetzt […] Jetzt […] Jetzt […]* (K. 11)

und **Wort- bzw. Satzfiguren**:
z. B. **Synonyme**:
– *Bedrohlich, gierig, wild.* (K. 41)

z. B. andere **Worthäufungsfiguren**:
– *[…] und schreit, schreit, schreit. Wehe, schrie sie. Wehe, wehe.* (K. 70)

Auch ganze **Wortfelder** werden verwendet, so z. B. *schweigen* (K. 56), oder im folgenden **Wortspiel**:
- *Einfach nicht sehen, das ist einfach, sah ich.* (K. 98)

An antike Dichtung erinnern auch die **Namen**:
z. B. die stereotype Verwendung von **Beinamen**:
- *Achill das Vieh* (z. B. K. 30), *die kluge Briseis* (z. B. K. 56), *Hektor, dunkle Wolke* (z. B. K. 84)

oder die **altertümliche Schreibweise** der Namen:
- *Aineias* statt Äneas, *Aias* statt Ajax, *Troer* statt Trojaner etc.

3. Poetische Sprache

- *Ich habe immer mehr an <u>Bildern</u> gehangen als an Worten, [...].* (K. 26)

Wir finden
z. B. **Synästhesien** (Verknüpfung unterschiedlicher Sinneseindrücke):
- *Ein <u>heißer</u> Schreck.* (K. 29)

z. B. **Metaphern**:
- *am äußersten Rand meines Lebens* (K. 6);
- *mein praller saftiger Haß* (K. 12)

z. B. **Allegorien**:
- *Der Krieg, unfähig sich noch zu bewegen, lag schwer und matt, ein wunder Drachen, über unsrer Stadt.* (K. 154)

z. B. **Vergleiche**:
- *Jetzt wuchs die Frage, <u>wie</u> die Frucht in der Schale, [...].* (K. 11)
- *Ameisen<u>gleich</u> gehn wir in jedes Feuer.* (K. 50)

Manches, was Kassandra erlebt hat, geht so tief, daß sie es nur schwer in nachvollziehbare Worte fassen kann. Dann „verdichtet" sie in poetischer **Mehrdeutigkeit**, wie z. B. in der Beschreibung ihres Wahnsinns:
- *Dunkle Milch, bitteres Wasser, saures Brot. Ich war auf mich zurückgefallen. Doch es gab mich nicht.* (K. 71)

oder im Doppelsinn des Wortes *er-träumt*:
- *Die Sehergabe. [...] Ich hatte sie mir erträumt.* (K. 29)

Diese „Ver-Dichtung" zeigt sich auch in **Paradoxien**, z. B.:
- *Nie war ich lebendiger als in der Stunde meines Todes, jetzt.* (K. 26)
- *Phoibos Apollon, finster strahlend* (K. 115)
- *So auseinandergehn, ist schwerer, leichter.* (K. 133)
- *Liebe Feinde. [...] Diese armen Sieger* (K. 134)

4. Symbole

Zu ihrer bildhaften Sprache gehören auch **Symbole**, z. B. die **Bäume** Eiche, Feige, Olive, Tamariske, Weide und Zypresse.[1] Am wichtigsten davon ist für Kassandra wohl die Weide.

Die Weide

In alten, „heidnischen" Zeiten galt sie als Baum der „Großen Mutter" (in »Kassandra« „Kybele" genannt), die als Göttin der erneuernden Kraft im Kreislauf des Lebens zuständig ist für Tod und Neugeburt, Fruchtbarkeit und Keuschheit zugleich.[2] Gemäß dem Volksglauben kann die Weide Unheil und Krankheit auf sich nehmen, dank ihrer Heilkräfte Fieber senken und „Liebeslust" dämpfen (vgl. K. 90: *Sie töten die Begierden*).[3] Bis heute symbolisiert die Weide Trauer (Trauerweide!), aber auch Erkenntnis und Weisheit.[4] (Textstellen zur Weide: K. 89f., 129, 140, 147ff.)

Das (Löwen)Tor

Löwen – die Sinnbilder der Macht – sind hier versteinert und (heute) kopflos: Auch die mächtigen Männer des Trojanischen Krieges bieten am Ende ein jämmerliches Bild (z. B. Priamos, K. 153 und Agamemnon, K. 11).

---

1 alle in: Beuchert, Marianne: Symbolik der Pflanzen. Frankfurt a. Main 1995.   2 Rahner, Hugo: Griechische Mythen in christlicher Deutung. Zürich 1957, S. 247ff.   3 Fischer, Susanne: Blätter von Bäumen. Legenden, Mythen, Heilanwendung und Betrachtung von einheimischen Bäumen. München 1980, S. 177ff.   4 Scheffer, Mechthild: Bach Blütentherapie. München 1981, S. 255ff.

Ein Tor ist Begrenzung, aber auch Durchgang, Übergang; d. h.
- einerseits bedeutet es den Endpunkt von Kassandras Leben: Sie akzeptiert ihren Tod als Austritt aus einer Menschheitsentwicklung, die sie als falsch erkannt hat: *Gegen eine Zeit, die Helden braucht, richten wir nichts aus, [...]* (K. 159);
- andererseits führt ein Tor in eine neue Art von Existenz: Sie ist sich bewußt, daß ihre Agonie sie zur Vollendung ihrer persönlichen Entwicklung reifen läßt: *[S]o kurz vor mir selbst* (K. 6), *[j]etzt wird der Kern geschliffen* (K. 11).

So gesehen, sind Kassandras Erinnerungen Beispiele für eine vollendete Selbstwerdung, die jeder Mensch erreichen kann (vgl. K. 134: *[...], wie es jeder könnte, [...].*).

Das Löwentor steht hier also im Schnittpunkt der Erfahrungen der Erzählerin Kassandra aus ihrer Vergangenheit und des auktorialen Erzählers aus der Erzählgegenwart (s. S. 26f.).

Der Schlangenring

Die **Schlange**, ein vieldeutiges Symbol, spielt in der Mythologie bzw. Religionsgeschichte eine große Rolle. Als Attribut der Erdmutter Gaia vielfach in alten Matriarchatskulturen zu finden, symbolisiert sie die Leben schaffende und erhaltende Kraft, sowie ewiges Leben bzw. Reinkarnation (da sie sich regelmäßig häutet)[1].

Der **Schlangenring** läßt sich deuten als Bindungssymbol zwischen Aineias und Kassandra unter den Vorzeichen der „alten" Zeit. Am Ende müssen beide die alte Lebensform aufgeben; Aineias bricht auf in die neue, von Patriarchat und Heldentum geprägte Zeit, aber nicht gern: *[I]m Zorn* (K. 87) wirft er den Ring ins Meer, als Kassandra sich weigert, mit ihm zu gehen (s. S. 58).

---

1 vgl. V. 100, auch Lexikon der antiken Mythen und Gestalten (s. S. 39) o. ä.

Kassandras Monolog – ein Werk des 20. Jahrhunderts

Bei aller Eindrücklichkeit des hohen Stils: Das Werk ist keine bloße „Nachdichtung" eines antiken Stoffes, sondern es spricht zu uns heutigen Menschen, auch in unserer heutigen **Umgangssprache**:
- *Oinone das Miststück* (K. 73)
- *Na und?* (K. 89)
- *umgelegt* (für: getötet, K. 94)
- *Das ging mir sehr gegen den Strich; [...]* (K. 108)

Besonders häufig finden sich umgangssprachlich verkürzte Formen wie:
- *ans Leben / Ich [...] hab / das wars / sehn* (alle K. 6)

Eine Reihe ausgesprochen **moderner Vokabeln** kommt aus dem Gebiet der Politik:
- *Ost-West-Handel* (K. 56)
- *Sicherheitsnetz* (K. 65, 118)
- *Sonderbefugnisse für die Kontrollorgane* (K. 118)
- *Sicherheitskordon/Abschirmdienst* (K. 135)
- *Feindbegünstigung* (K. 146)

Schon daraus läßt sich schließen, daß die Erzählung »Kassandra« auch Aussagen über unsere heutige Gegenwart enthält, und das gewaltige Echo, das sie nach ihrem Erscheinen hervorgerufen hat, zeigt, daß die Autorin mit dieser Geschichte den Nerv vieler Leser getroffen hat. Wie ist das zu erklären? Welche Verbindungen gibt es zwischen der uralten Trojasage und den Problemen von Menschen aus dem 20. Jahrhundert?

Ausführliche eigene Erläuterungen dazu gibt Christa Wolf in ihren vier Frankfurter Vorlesungen (s. S. 40), worin sie selbst ihr Werk als *Schlüsselerzählung* bezeichnet (V. 119).

Im folgenden sollen die wichtigsten Aspekte dieser Beziehungen skizziert werden.

»Kassandra« als Parabel: Bezug zur Entstehungszeit

Verbildlichung	Probleme
Kassandras „Sehen-Lernen"	Eine Frau lernt, ihre **Gesellschaft** (deren Teil sie ist) zu **durchschauen**; im **Konflikt zwischen Sich-Anpassen und Sich-selbst-treu-Bleiben** entwickelt sie ihre eigene Persönlichkeit (V. 85, 88, 95f., 114).
man glaubt ihr nicht	Die Sicht der „Seherin" interessiert die Herrschenden nicht, sie kann Unheil nicht abwenden (V. 106, 110).
Priamos, Paris	Die **Krankheit des Systems**, nämlich Schwäche und Profilierungssucht, erlaubt **Apparatschiks** hochzukommen, und **Funktionäre** machen im Dienst der Machthaber und Befehlenden Karriere. Propaganda ersetzt kritische Auseinandersetzung:
Eumelos rekrutiert seine Anhänger aus Palastschreibern (K. 74), die Geschichtstatsachen verfälschen (K. 39).	
Sprachkrieg (K. 76) z. B.: *Beschützer* (K. 57) statt „Bewacher"; *opfern* (K. 63) statt „morden", „schlachten"; *Überfall* (K. 83) statt „Krieg"	Über die Änderung des **Sprachgebrauchs** wird der **Werteverfall** verschleiert (V. 87, 108).

Verbildlichung	**Ideen zur Lösung der Probleme** (V. 101, 106)
Verhältnis Priamos/ Hekabe (zu Beginn) und Anchises/Arisbe; Gemeinschaft am Ida/ Skamandros	**Partnerschaftlicher Umgang** zwischen **Mann und Frau**: – Ablehnung einer rein männlich dominierten Gesellschaft (V. 112)

Der Text in seiner Zeit

Negativbild Amazonen	– Ablehnung eines radikalen Feminismus (V. 101, 115f.)
Aineias, Marpessa	– Männer und Frauen sollen beide Sensibilität und Stärke zugleich entwickeln
Anchises: – spricht mit Bäumen (K. 107) – lehrt Kassandra und die Gemeinschaft am Ida/Skamandros (z. B. K. 154f.)	**Partnerschaftlicher Umgang** mit der **Natur**, die als eigenständige Lebendigkeit betrachtet wird Entwurf eines **alternativen Lebens** mit humanistischen Idealen – Freundlichkeit und Vorurteilslosigkeit gegenüber jedem – Verständnis: andere gelten lassen – Selbstdistanz: Humor – Kreativität und Lebenslust – Lebensglück im Genießen des Alltags (V. 92f., 109); auch Religion/Ekstase hat hier ihren Platz)
Gemeinschaft (miteinander wohnen, arbeiten, essen, feiern) *Was nenne ich lebendig. Das schwierigste nicht scheuen, das Bild von sich selbst ändern.* (K. 26)	**Voraussetzung** für die **Änderung der Verhältnisse**: die eigenen Vorstellungen und damit sich selbst zu ändern; (vgl. V. 112f.: Trotz unmenschlicher, da alltagsferner Politik bewirkt die **Initiative des einzelnen** positive Nachahmungseffekte)

Wie man hier sieht, zeigt sich die in »Kassandra« enthaltene Gesellschaftskritik auch in Form einer Gesellschaftsutopie (s. auch S. 52, 55, 59). Christa Wolfs »Vorlesungen« (s. S. 40) geben darüber weiteren Aufschluß:

– So ist die Skamandros-Gesellschaft der literarische Entwurf einer **neuen Art menschlicher Gemeinschaft** ohne männliche Herrschaftsattitüden:

> *Ein Verzicht auf die Beherrschung und Unterwerfung der Natur, Verzicht auf die Kolonialisierung andrer*

> *Völker und Erdteile, aber auch auf die Kolonialisierung der Frau durch den Mann? Es ist eine Lust zu leben – vorausgesetzt man ist nicht Herr der Welt und strebt auch nicht an, es zu sein?* (V. 117f.)

- In den Personen Aineas und Anchises läßt sich dann das **Modell** eines solchen „neuen", **integrierten Mannes** entdecken: *Zartsinn, gepaart mit Kraft* (V. 46).
- Christa Wolf propagiert dabei nicht den *Rück-Fall* in ein Matriarchat: Dies bedeutete für sie *Ressentiment* und *Idealisierung primitiverer Gesellschaftszustände* (vgl. V. 101). Auch einen einseitigen Feminismus lehnt sie als *Ausweichmanöver* (V. 116) ab. Sie setzt dagegen auf den Wert der Persönlichkeitsbildung, die die ehrliche Auseinandersetzung mit anderen einschließt (vgl. V. 116).

Auch wenn man diesen Ideen kritisch gegenübersteht, so kann eine Auseinandersetzung damit doch dazu anregen, als Mann/Frau den eigenen Standort in der Gesellschaft neu zu erkunden und sich seiner eigenen Möglichkeiten (u. a. des „Sehens") bewußt zu werden. Mit »Kassandra« macht die Autorin uns Lesern Mut, trotz aller äußerlichen (gesellschaftlichen und politischen) Widrigkeiten die eigene Entwicklung voranzutreiben. Dahinter steht ihre eigene optimistische Überzeugung:

> *Aber ich glaube [...], daß wir modulationsfähig bleiben, daß eine Kindheit, die uns starre Muster aufgedrückt hat, nicht unkorrigierbar ist [...], daß eine andauernde Wachheit gegenüber Warnsignalen, die aus unserer Umgebung oder aus uns selbst kommen – eine Krankheit zum Beispiel – und der andauernde Versuch, den schmerzhaften Punkten [...] nicht auszuweichen, allmählich eine Veränderung bewirken können, im Sinne von: offener, selbständiger, angstfreier, toleranter werden.*[1]

---

1 zit. nach Christa Wolf: Im Dialog (s. S. 40), S. 26f.

Lesetips

Die Trojasage ist die älteste schriftlich überlieferte Sage der europäischen Literatur; sie ist viele Male bearbeitet worden und hat dabei stets neue Facetten erhalten. Hier nur eine Auswahl von Werken, die sich auch gut zum Vergleich mit Christa Wolfs Version der Geschichte eignen; alle aufgeführten Beispiele gibt es in guten Übersetzungen und in Taschenbuchausgaben.

1. Mythologische Quellen

Zu Beginn der Überlieferung stehen die beiden Epen des griechischen Dichters **Homer** (8. Jh. v. Chr.):
- **Ilias:** Geschichte der langen Belagerung Trojas und des kurzen Krieges, ausgelöst durch Achills Zorn
- **Odyssee:** die zehnjährige Heimfahrt des Helden Odysseus nach Trojas Untergang

Vergil (70–19 v. Chr.): **Aeneis**
Der römische Dichter erzählt, wie es nach Trojas Untergang mit Äneas weiterging (s. S. 6).

Wem diese Epen zu lang sind, der kann auf einen anderen Klassiker zurückgreifen:
Gustav Schwab: Die schönsten Sagen des klassischen Altertums (1838–40)
In Form von leicht lesbaren Geschichten wird hier ein umfassendes Bild von der griechischen Götter- und Heldenwelt vermittelt.

2. Nachschlagewerke

Robert von Ranke-Graves: Griechische Mythologie (1955)
Dieses Standardwerk (Christa Wolfs Hauptinformationsquelle) ist eine Fundgrube für alle, die noch mehr über die verwirrende griechische Mythologie erfahren wollen, denn Ranke-Graves verarbeitet hier viele verschiedene Quellentexte. Ein lohnendes Buch, obwohl es heute als nicht immer rein wissenschaftlich kritisiert wird.

Übersichtlicher gestaltet sind modernere Lexika, z. B.
Michael Grant, John Hazel: Lexikon der antiken Mythen und Gestalten. München 1980 (dtv 3181), oder

Otto Holzapfel: Lexikon der abendländischen Mythologie. Freiburg/Breisgau 1993 (Herder)

Zur Klärung von Detailfragen empfiehlt es sich, möglichst viele dieser Quellen und Nachschlagewerke heranzuziehen.

3. Theaterstücke

Aischylos: Die Orestie (458 v. Chr.)
Klassische griechische Tragödien-Trilogie. Beim Lesen dieses Textes begann sich Christa Wolf für die Figur der Kassandra zu interessieren (s. S. 25).

Euripides: Die Troerinnen (415 v. Chr., neu übersetzt u. a. von Walter Jens)
Das Anti-Kriegsstück zeigt unmittelbar nach Kriegsende das Schicksal der „erbeuteten" Frauen.

Shakespeare: Troilus und Cressida (ca. 1602)
Cressida = Chryseis = Briseis. Anhand einer komplizierten Liebesgeschichte vor dem Hintergrund des Krieges zeigt Shakespeare den Umbruch des bisher gultigen Wertsystems und die Ursachen für die Entscheidung zum Krieg.

Kleist: Penthesilea (1808)
In der Schlacht treffen Achill und Penthesilea aufeinander und entwickeln spontan heftiges gegenseitiges Interesse, das sie aufgrund ihrer Verstrickungen in die Umstände nicht anders lösen können als durch Tod. Dazu Christa Wolf:

[…] ein entsetzliches Schauspiel […]. Wir vernichten, was wir lieben – das ist, auf eine allgemeine Formel gebracht, die Aussage der »Penthesilea«. Recht genau scheint diese Formel auf unsere Zeit zu passen.[1]

---

1 Christa Wolf: Kleists »Penthesilea«. 1982; aus dies.: Die Dimensionen des Autors (s. S. 40), S. 660.

Lesetips

Giraudoux: Der Trojanische Krieg findet nicht statt (1935)
Das Stück kreist um die Frage, wie der Krieg zu verhindern gewesen wäre (etwa durch Rückgabe von Helena) und zeigt, wie er wegen der Verkettungen von Aggressionen und Provokationen der Handelnden am Ende doch ausbricht.

3. Zeitgenössischer Roman bzw. moderner „Bestseller"

Für Liebhaber von unterhaltenden Geschichtsromanen:
Marion Zimmer-Bradley: Die Feuer von Troja (1987)
Wie in »Kassandra« wird aus weiblicher Perspektive erzählt, doch hier hat Kassandra den Krieg überlebt, und auch andere Einzelheiten stehen im Kontrast zu Christa Wolfs Version. Spannend als Vergleich!

4. Werke von Christa Wolf und Sekundärliteratur

Wer über »Kassandra« oder ihre Autorin intensiver recherchieren möchte (z.B. für ein Referat oder eine Facharbeit), findet gutes Material in folgenden Büchern:

Christa Wolf:
- **Voraussetzungen einer Erzählung: Kassandra. Frankfurter Poetik-Vorlesungen.** München 1993 (dtv 11871) (hier zitiert als V.)
- **Die Dimensionen des Autors.** Essays und Aufsätze, Reden und Gespräche 1959–1985. Frankfurt a. Main 1987 (Sammlung Luchterhand 61891)
- **Im Dialog.** Aktuelle Texte. Berlin/Weimar 1990 (zit. nach dtv 11932, München 1994)
- **Auf dem Weg nach Tabou.** Texte 1990–94. Köln 1994

Christine Maisch: Ein schmaler Streifen Zukunft: Christa Wolfs Erzählung »Kassandra«. Würzburg ²1990

Rose Nicolai: Christa Wolf. Kassandra. München 1989 (Oldenbourg Interpretationen Bd. 46)

Bernd Matzkowski: Christa Wolf. Kassandra. Hollfeld 1988 (Königs Erläuterungen und Materialien Bd. 372/373/373a)

Interpretation

Alles, was wir über die Ereignisse erfahren, wird über die Wahrnehmung der Titelfigur Kassandra transportiert – allerdings objektiviert durch die Schonungslosigkeit der „Seherin", die ihre Lebensbilanz nicht ohne Selbstkritik zieht.

Die Interpretation zeichnet daher vor allem die Entwicklung dieser Zentralgestalt nach, aufgeteilt in Einzelaspekte, nämlich:
– die äußeren Umstände: der Krieg,
– ihr Anteil am Kriegsgeschehen,
– die Entdeckung und Bearbeitung ihrer Gefühle:
  z. B. Angst und Wahnsinn,
– die Sehergabe,
– die Entdeckung einer alternativen Lebensweise durch Beobachtung von Personen, die in Kontrast zu Kassandra stehen.

1. Der Krieg

1.1. Vorgeschichte: Die drei Schiffsexpeditionen

Das sogenannte „erste Schiff" wurde nach Griechenland gesandt, als Kassandra noch ein Kleinkind war (K. 38–41); sie muß daher die Umstände mühsam rekonstruieren. Diese Mission hatte ihrer Einschätzung nach zum Ziel, den Streit zu schlichten, der zwischen Troja und Griechenland um den Zugang zum Hellespont entbrannt war (s. S. 13f.). In dieser politischen Frage ist die Expedition erfolglos. Dies wird aber totgeschwiegen; dafür gewinnen religiöse und menschliche Aspekte die Oberhand (Delphi, Apollon, Panthoos und Lampos etc.)

Dem drohenden politischen Gesichtsverlust (*Angstpartie*, K. 42) soll das „zweite Schiff" abhelfen, das Kassandra als

Kind miterlebt (K. 42–46). Sein Auftrag ist, Priamos' Schwester Hesione zurückzuholen, die als Kind vom Spartaner Telamon „geraubt" wurde, jetzt aber wohlsituiert in Sparta lebt. Kassandra nimmt wahr, wie auch hier die Erfolglosigkeit verschleiert wird – obwohl sie noch nicht wahrhaben will, daß ihre Trojaner, ihre Familie, allen voran der Herrscher, ihr geliebter Vater, unehrlich sein könnten.

Diese Erkenntnis bricht sich aber Bahn anläßlich des „dritten Schiffs" (K. 52–76), mit dem Paris angeblich Trojas Ansehen wieder aufwerten will. In ihrer Geradlinigkeit und als angehende Priesterin und Seherin warnt Kassandra öffentlich davor, obwohl sie noch nicht alles durchschaut. Am Ende ihres Lebens, als sie rückblickend Bilanz zieht, erscheinen ihr die Kriegsursachen noch klarer als damals.

1.2. Mechanismen, die zum Krieg führen

Kassandra erkennt, daß es vor allem Persönlichkeitsschwächen bzw. -defizite einzelner sind, die politisch (d. h. die Allgemeinheit einbeziehend) in die Katastrophe führen: Hochmut und Profilierungssucht zeigen z. B. Paris und Eumelos – und letztlich auch Priamos, der das Treiben billigt und unterstützt. Einige Beispiele dafür:

– Paris' großmäulige Ankündigung der Helena-Entführung als **„Sachzwang"** (Helena-Lüge): Die öffentliche Blamage soll vermieden werden, ein Zugeben von Fehlern erscheint daher unmöglich. Kassandra kommentiert: *Ich sah eine Nachricht zur Wahrheit werden* (K. 76).

– Eumelos profiliert sich als Kriegstreiber und hat bei den Trojanern leichtes Spiel:

> *Viel Haß und unterdrücktes Wissen war in Troia, ehe der Feind, der Grieche, all unser Übelwollen auf sich zog und uns gegen ihn, zunächst, zusammenschloß.* (K. 83)
> *Die neue Zeit [...] war schon in der Festung, eh der Gegner kam.* (K. 89)

- Eumelos und seine Leute beginnen emsig mit dem Aufbau von **Propaganda** und **Bürokratismus** (K. 74, 97): Die bewußte Schmähung des Feindes (K. 64, 74) führt zum Aufbau eines Feindbildes und zu einer starren, oft unberechtigten Teilung der Welt in Freund und Feind (K. 123).

- Die Umwertung der Worte führt zu einer **Änderung der Wertvorstellungen** (K. 65, 74, 77, s. auch S. 35 und S. 43: Kriegsverlauf).

Über all dem gerät der Kriegsgrund (Hellespont? Helena?) in Vergessenheit (K. 76f.), der Kriegszustand entwickelt seine eigene Dynamik.

1.3. Der Kriegsverlauf (ab K. 84)

Der Beginn: Das Zusammenbrechen aller Regeln

Was Paris mit seiner Mißachtung des Gastrechts an Menelaos angefangen hat, wird jetzt von den Griechen fortgeführt: Der Krieg beginnt mit dem **Zusammenbrechen aller bisher gültigen Regeln**:

Für die Trojaner unfaßbar, setzt sich Achill im Kampf mit Troilos nicht nur über die Zweikampfregeln hinweg, sondern auch über das alte trojanische Gesetz des Tempelasyls (K. 86f.). Die Trojaner ihrerseits geben jedoch Stück für Stück ihre alten Werte ebenfalls auf:
- die politische Orakelpraxis (K. 88f.),
- die Umwertung des alten Totenkultes (K. 117),
- der verzärtelte Hektor wird zum Helden aufgebaut (K. 105),
- Polyxena wird von Hektor *verkauft* (K. 125), von Paris und Priamos *benutzt* (K. 145), von ihrem Freund Andron *verraten* (K. 158) etc.

Nicht zuletzt die Haltung des Priamos macht dies möglich:

99 *Priamos erklärte mir, im Krieg sei alles, was im Frieden gelten würde, außer Kraft gesetzt. [...] Was öffentlich geworden ist, ist auch real.* (K. 98)

Und Kassandra kommentiert:

> *In Helena, die wir erfanden, verteidigten wir alles, was wir nicht mehr hatten.* (K. 99)

Der Kriegszustand wird zur Normalität

Die Soldaten werden von der politischen Propaganda hofiert und fühlen sich geschmeichelt; sie haben keine Ursache, die Lage als hoffnungslos, den Krieg als nicht gewinnbar zu erkennen (K. 92). So gewöhnt man sich über die Jahre an den Kriegszustand. Die Gewöhnung aber macht die Menschen zu Gefangenen, verändert sie (K. 115f.):

> *Die Dinge glitten uns aus der Hand und richteten sich gegen uns. Da maßen wir ihnen übertriebene Bedeutung zu.* (K. 128)

Beispiele für solche negativen Veränderungen sind u. a. Polyxena (K. 122, 146), Paris (K. 66, 78, 116) und Priamos (K. 25, 116, 153); eher positiv verändert der Krieg dagegen Hekabe und auch Kassandra (K. 25f.).

Die Ähnlichkeit der kriegführenden Parteien:
Sie sind wie wir!

In einem Gespräch mit Anchises erfährt Kassandra:

> *Der Eumelos braucht den Achilles wie ein alter Schuh den andern. Aber dahinter steckt ein [...] Denkfehler, [...]. Nämlich: Er setzt voraus, was er erst schaffen mußte: Krieg.* (K. 121)

Sie erkennt, daß es Ähnlichkeiten und Parallelen im Verhalten der beiden Kriegsparteien gibt: *Er [Eumelos] wollte uns, wie der Krieg uns brauchte. Wir sollten werden wie der Feind, [...]* (K. 36f.). Kassandra faßt diese ungeheure Erkenntnis zusammen in dem Satz: *Sie sind wie wir!* (K. 16).

Beispiele zur Erläuterung lassen sich genügend finden:
– Beide Parteien mißachten alte Gesetze (vgl. S. 43).

- Auch die Griechen sind hochmütig und profilierungssüchtig (z. B. Achill in seiner Demütigung von Hektor und Priamos, K. 130f.).
- Das Kindesopfer des Agamemnon (Iphigenie) erhält seine Parallele in Priamos' Opferung von Polyxena an Achill und letztlich aller seiner Kinder in der einen oder anderen Form.
- In beiden Lagern dominiert die männlich-kriegerische Daseinsform: Sie unterdrückt die Frauen und ignoriert die weibliche Vernunft:

Priamos sitzt im Rat jetzt höher als Hekabe, die auch nichts mehr zu sagen hat:	**Agamemnon** gerät in (letztlich tödlichen) Konflikt mit Klytaimnestra wegen der Opferung Iphigenies;
Im **trojanischen Rat** dürfen Frauen nicht mehr auftreten und mitreden.	die **Griechen** holen sich vergewaltigend Frauen vom trojanischen „Feind".

Kassandra beobachtet also eine Verschiebung und Verzerrung des bisherigen Gleichgewichts von Männern und Frauen in der trojanischen Gesellschaft durch den Einfluß des Krieges. Die Trojaner, zunächst von Panthoos als *unkonsequent* (K. 37) bezeichnet, übernehmen allmählich das dualistische Weltbild der Griechen (vgl. K. 123)

Der Höhepunkt des Krieges: Pervertierung

Der Krieg eskaliert am Ende auf beiden Seiten in unfaßliche Brutalität, doch die Menschen sind bereits so weit verändert, daß sie die Unmenschlichkeit nicht mehr wahrzunehmen scheinen. So merkt Priamos nicht einmal mehr, daß er seine Kinder für ein Phantom (Helena) zu opfern bereit ist: Der tote Hektor soll gegen die lebendige Polyxena eingetauscht werden (K. 130).

Nachdem das Gleichgewicht Mann-Frau aus den Fugen geraten ist, greifen auch Frauen in den (Männer-)Krieg ein, aktiv wie passiv:

- Penthesilea kommt nach Troja, um zu kämpfen: *Aineias sagte mir: Sie sucht den Kampf* (K. 133); und Panthoos bemerkt über die Amazonen: *Die töten, wen sie lieben, lieben, um zu töten, [...]* (K. 135).
- Polyxena und Kassandra lassen sich an Männer opfern (an Achill bzw. an Eurypylos, vgl. K. 144f. und 153).

Sogar das Töten eskaliert: Griechen zerfleischen die kämpfenden Frauen, Achill schändet die tote Penthesilea (K. 137ff.), Amazonen zerfleischen Panthoos (K. 140f.).

Das Ergebnis von Kassandras Analyse ist: Das alte Kulturvolk der Trojer mußte untergehen, weil es **die Barbarei in sich selbst** zugelassen hat. So kann sie als Gefangene den mykenischen Griechen, die sie um eine Zukunftsprognose bitten, nur den Rat geben: *Wenn ihr aufhörn könnt zu siegen, wird diese eure Stadt bestehn* (K. 134).

2. Kassandras lebenslanger Weg der Selbstentwicklung

2.1. Kassandras Anteil am Kriegsgeschehen

In ihrem Lebensrückblick fragt sich Kassandra auch, ob und wie sie den Krieg hätte verhindern können. Sie konnte zwar Unheil voraussehen (K. 69, 80), doch ihre Sehergabe war ihr mit der Einschränkung gegeben worden, daß niemand ihren Warnungen glauben sollte (K. 29). Dennoch fragt sie sich, warum sie nicht entschiedener in die Entwicklung eingegriffen hat (K. 81), zumal sie sich auch an die Frage Arisbes erinnert, die sie einst aus der geistigen Umnachtung herausgeführt hat: *Wieso hast du sie [= die Stärkeren] stark werden lassen.* (K. 73).

Die „reife" Erzählerin Kassandra kann nun – kurz vor ihrem Tode – ihren Anteil erkennen: solange sie selbst unter *Täuschung, Zurücksetzung, Verkennung* (alle K. 73) litt, war sie abhängig vom Verständnis und Wohlwollen anderer, wodurch sie diesen Macht über sich gab. Ihr Haß auf sie resultierte daher letztlich aus mangelnder Autonomie. Damals jedoch, in ihrem „Wahn" gefangen, konnte sie, wollte sie Arisbes Frage (noch) nicht verstehen – gespalten in zwei Persönlichkeitsanteile, die noch nicht integriert sind:

> *Der Teil von mir, der wieder aß und trank, sich wieder „ich" nannte, verstand die Frage nicht. Jener andre Teil, der im Wahnsinn geherrscht hatte, den „ich" nun niederhielt, wurde nicht mehr gefragt.* (S. 73)

Auf der Suche nach einer Antwort auf Arisbes Frage stößt sie zunächst auf Gefühle, die häufig Taten und Worte lenken: Ihr *Hang zur Übereinstimmung* (K. 74), ihr Genuß der Vaterliebe ist immer noch stärker als ihr eigenes *Wissen* (K. 82f.); und wenn ihre Motive durchschaut werden, reagiert sie mit Abwehr, mit *Undank und Auflehnung* (K. 73) und Haß (z. B. auf Panthoos, K. 83), um nicht sich selbst, ihre eigenen Fehler, wahrnehmen und ändern zu müssen: *Es ist zu schwer, sich selbst zu hassen* (K. 83).

In ihrem Lebensrückblick sind es gerade diese starken Gefühle, denen sie nachspüren kann und die ihr Aufschluß geben über ihre Entwicklung. Kassandra ist geprägt worden von Liebe, Angst und Schmerz:

- Aus **Liebe** zu ihrer Familie, besonders zu ihrem Vater, will sie lange nicht wahrhaben, was sie *sieht* (K. 81ff.).
- **Angst**, z. B. die vor etwas Neuem, Unbekanntem, verhindert lange Zeit einen inneren Kurswechsel: *die geheime Angst, unvorbereitet einen Blick in eure Welt zu tun. Lieber litt ich, blieb aber, wo ich war* (K. 99).
- Aus unerträglichem **Schmerz** läßt sie sich in Phasen der geistigen Umnachtung, des **Wahnsinns** fallen (z. B. K. 70f.).

2.2. Angst – Schlüsselbegriff für Kassandras Entwicklung und ein Leitmotiv der Erzählung

Im Unterschied zu anderen Trojanern setzt sich Kassandra mit ihrer Angst auseinander – bis in ihre letzte Stunde. Ihr Erinnerungsmonolog wird ausgelöst und vorangetrieben durch die Todesangst. Sie erinnert sich nicht so sehr mit dem Verstand an die Realitäten des Krieges, sondern sie versucht vor allem über das Nachempfinden ihrer Gefühle die Ereignisse zu ergründen:

> *Ich hab ein Angst-Gedächtnis. Ein Gefühls-Gedächtnis.* (K. 122)

Indem sie versucht, ihre Angst nicht zu unterdrücken, sondern zuzulassen, lernt sie sie als eines der wichtigsten Gefühle zu begreifen und gewinnt dadurch weitere Klarheit über sich selbst: **Intellektuelle Erkenntnis** (Verstandesdenken, Logik) muß also **ergänzt** werden **durch sinnliche Wahrnehmung** (Sprache des Körpers und der Gefühle), um Autonomie („Ich-Werdung" ohne Abhängigkeiten) zu erreichen. Das heißt, alle Körperregungen, alle Gefühle müssen erkannt und akzeptiert werden, damit man nicht von ihnen beherrscht wird, auch die Angst; ein Ausblenden von Gefühlen bedeutet Selbst-Entfremdung durch Abspalten von Persönlichkeitsanteilen (wie bei Penthesilea, s. S. 54ff.). Wichtige Anregungen dazu hat sie von Anchises bekommen (K. 105).

Erst als Kassandra ihre Angst anzunehmen lernt, befreit sie sich von alten Mustern und löst seelische und sogar körperliche Verhärtungen (K. 122f.), wodurch sie in neue Bereiche vordringen kann: *Jetzt wird der Kern geschliffen* (K. 11). Aufgrund ihrer Gefühlsarbeit erkennt sie den Zusammenhang zwischen Abhängigkeit und Angst (K. 43) und besiegt damit schließlich sogar die schlimmste, die Todesangst:

> *Die Tochter des Königs hat keine Angst, denn Angst ist Schwäche und gegen Schwäche hilft ein eisernes Training. Die Wahnsinnige hat Angst, sie ist wahnsinnig vor Angst. Die Gefangene soll Angst haben. Die Freie lernt es, ihre unwichtigen Ängste abzutun und die eine große wichtige Angst nicht zu fürchten, weil sie nicht mehr zu stolz ist, sie mit anderen zu teilen.* (K. 42)

Angst ist also Indiz einer Krise und zugleich Chance:
- sie kann unterdrückt werden,
- ist selbst Unterdrückungsinstrument,
- zeigt aber auch den Weg zur Weiterentwicklung auf.

2.3. Wahnsinn und Schmerz – Kassandras Anfälle und ihr Stellenwert für das „Sehen-Lernen"

In vielen antiken Texten erscheint Kassandra als wahnsinnige, unheimliche Seherin. Christa Wolf macht auch den „Wahnsinn" verstehbar, der in ihrer Erzählung äußerlich Ähnlichkeit mit epileptischen Anfällen hat.

Alle diese „Anfälle" Kassandras ereignen sich vor dem Ausbruch des Krieges:
- Als Kind will sie Aisakos' Tod nicht wahrhaben (K. 50f.).
- Sie erfährt, daß Kalchas ein Überläufer ist (K. 45ff.).
- Paris' Unverschämtheit gegenüber Menelaos eskaliert (K. 69f.).
- Sie muß akzeptieren, daß „Helena" ein Phantom ist (K. 80).

Jedesmal erleidet Kassandra unerträglichen seelischen Schmerz, verursacht aus der Zerrissenheit zwischen
- einerseits ihrer Sucht nach Harmonie und Übereinstimmung mit ihrer Umgebung (sie genießt es, „Lieblingstocher" des Priamos zu sein) und
- andererseits dem Verlangen nach Erkenntnis (ihr Streben nach der Sehergabe).

So bricht sie zunächst zusammen, als sie sich konfrontiert sieht mit den Brüchen in der schönen Fassade, mit den Lügen derer, die sie liebt und verehrt. Der Absturz in eine Art Umnachtung, in tiefe Einsamkeit ist ihr willkommen (s. auch K. 70):

 Nur der Wahnsinn schützte mich vor dem unerträglichen Schmerz, [...]. (K. 71)

Aus der Gefahr des Selbstverlustes wird sie von Arisbe gerettet – ein wichtiger Schritt zu ihrer Erfahrung der alternativen Lebensweise (K. 72ff.).

Im Laufe der Zeit lernt Kassandra, mit den Qualen der Erkenntnis und ihrer Einsamkeit umzugehen. Den tiefsten Schmerz, sich vom Wunschbild des geliebten, hochverehrten Vaters zu lösen, von dem sie eingemauert, vorübergehend vergessen und schließlich verkauft wird, kann sie dann ohne Wahnsinnsanfall ertragen (K. 149). Und am Ende hat sie den Schmerz als unabdingbaren Entwicklungsfaktor erfahren:

> *Wer wird, und wann, die Sprache wiederfinden. Einer, dem ein Schmerz den Schädel spaltet, wird es sein.* (K. 10)

3. Die „Sehergabe"

Kassandra will Seherin sein, hat aber anfangs Mühe, „sehen" zu lernen:

> *Ich sah nichts. Mit der Sehergabe überfordert, war ich blind. Sah nur, was da war, so gut wie nichts. [...] Jetzt kann ich sehen, was nicht ist, wie schwer hab ichs gelernt.* (K. 33f.)

Die Begabung, die ihr und ihrem Zwillingsbruder Helenos angeblich in die Wiege gelegt wurde (K. 29), muß sie in einem jahrelangen Prozeß pflegen und sich erarbeiten, um schließlich wirklich „sehen" zu können – worunter sie aber etwas anderes versteht als z. B. Helenos (vgl. K. 34f., 104): Sie bezeichnet das „Sehen" als eine Fertigkeit, die sich potentiell jeder erschließen kann (K. 134).

„Sehen-Lernen" – was heißt das?

Obwohl Kassandra auch „Ahnungen" empfängt und zukünftige Entwicklungen vorausspürt (z. B. K. 69f.), versteht sie ihr „Sehen" nicht so sehr als die Gabe, in die Zukunft zu blicken, sondern als eine in langer Schulung und Selbstdisziplin erwerbbare Fähigkeit, alle Dinge so wahrzunehmen, wie sie wirklich sind.

Kassandras Weg zur selbstbestimmten Frau und Seherin ist hart und wird bestimmt von **Loslösungs- und Befreiungsprozessen**. Sie muß lernen:

a) „Sehen-Lernen" heißt: die anderen zu „sehen"

- Indem sie öffentliche Lügen durchschaut (z. B. die „Helena"-Lüge), macht sie sich frei von der Vorstellung, von anderen geführt und geleitet zu werden.
- Noch weniger als an Götter (K. 28, 114) glaubt sie an eine allein von Männern gemachte Politik (ihre Konflikte mit Eumelos und Priamos, K. 144ff.).
- Mit dem Durchschauen der psychischen Bedingtheiten und Verhaltensweisen anderer (Paris, Penthesilea etc.) gewinnt sie immer mehr Klarheit über Fehler, die sie selbst nicht machen möchte.
- Das Durchschauen menschlicher Schwächen (z. B. bei Priamos) hilft ihr, sich von der Abhängigkeit durch blinde Liebe zu lösen (so kann sie sich dann auch von Aineias trennen).

b) „Sehen-Lernen" heißt: sich selbst zu „sehen"

- In den äußeren Verhältnissen lernt sie auch Anteile von sich selbst zu erkennen (*Der Eumelos in mir*, K. 81).
- Sie entdeckt die eigene Wahrheit durch Wahrnehmung ihrer eigenen negativen Seiten (z. B. Vorurteile, Egoismen, Ehrgeiz, Anerkennungssucht, Sucht „dazuzugehören" und geliebt zu werden, schönes Mädchen zu sein, Privilegien zu haben auf Kosten anderer etc., z. B. K. 26). Indem sie diese Züge nicht mehr verdrängt, kann sie sich allmählich davon befreien, wie von ihrer Angst.

Es kommt darauf an, sich weder von anderen täuschen zu lassen noch sich selbst zu täuschen, sondern wahrhaftig dafür einzustehen, was man ist und tut: *Mit meiner Stimme sprechen: das Äußerste* (K. 6).

Kassandras Weg zu sich selbst ist also beispielgebend für eine radikale und totale Individuation (= Selbstwerdung), an deren

Ende sie Autonomie, d. h. vollkommene Unabhängigkeit erreicht. Dazu braucht sie aber Hilfe, sie schafft das nicht allein. Kassandra hat das Glück, Menschen kennenzulernen, die ihr helfen, „leben" zu lernen.

c) „Sehen-Lernen" heißt: „leben" lernen

- Sie erlebt die Wohltat einer Gesellschaftsform, in der Mann und Frau partnerschaftlich miteinander leben und zusammen arbeiten (ihre Eltern während ihrer Kindheit, die Gesellschaft am Skamandros).
- Sie erfährt (durch Anchises' Lehren), daß Geist (männlich besetzt) und Einfühlung (weiblich besetzt) eine Einheit bilden und nur im Zusammenwirken Leben ermöglichen, im Unterschied zum krieg- und todbringenden Dualismus der Männergesellschaften (K 123).
- Sie erfährt das *Glück, ich selbst zu werden und dadurch den andern nützlicher* (K. 15).
- Und sie erlebt das wunderbare „lebendige Dritte", die „Mitte" zwischen Leben und Tod (vgl. ihren Traum, K. 143).
- Daher mag sie am Ende auch nicht in eine patriarchalisch geprägte Welt, *die Helden braucht* (K. 159), fliehen: Sie löst sich vom Leben, indem sie sich in ihr Schicksal, getötet zu werden, ergibt.

4. Kontrastgestalten

An Kassandras Entwicklung haben etliche Personen Anteil. Sie lernt von ihnen,
- entweder weil sie sie liebt und verehrt,
- oder weil sie sich in Distanz zu ihnen setzt.

Aus Platzgründen müssen hier kurze Charakteristika dieser Personen genügen; ein ausführlicheres Porträt (Penthesilea) findet sich am Ende des Kapitels (s. S. 54ff.). Belegstellen bietet das Personenregister (s. S. 63f.).

4.1. Positive und starke Personen

Anchises und **Arisbe** leben beide in bewußter Distanz zur Palastwelt, humorvoll, lebenslustig, sensibel, aktiv trotz körperlicher Schwächen:

Anchises: Der Entwurf eines „zartsinnigen" Mannes (ähnlich Aineias, vgl. V. 46), einer humanistischen, ganzheitlichen Persönlichkeit. Er lehrt Kassandra:
- politische Hintergründe und Zusammenhänge,
- Ehrfurcht vor der Natur, die er als Partner behandelt,
- vorurteilsfreie Freundlichkeit gegenüber jedem,
- die Wichtigkeit von Kreativität, Phantasie und Lebensfreude als geistige Überlegenheit gegenüber physischen Schwächen und Angst.

Arisbe: Die traumdeutende weise Alte, die personifizierte „Große Mutter". Sie heilt Kassandra, indem sie sie durchschaut und ernst nimmt: Sie erkennt Kassandras Zerrissenheit hinter ihren Wahnsinnsanfällen und zeigt ihr den Weg aus der Verzweiflung durch den Hinweis auf ihre Verantwortung für das Geschehen (s. S. 46).

4.2. Schwache bzw. negativ gezeichnete Personen

Priamos: In der Partnerschaft mit Königin Hekabe ein großer, erfolgreicher König, verliert er in dem Maße Profil, in dem er Hekabe abwertet; er merkt nicht, wie er sich statt von weiblicher Klugheit immer mehr von seinem Untergebenen Eumelos bestimmen läßt.

Eumelos: Der gesichtslose und karrieresüchtige Bürokrat wittert im Krieg seine Chance: Er ist das Modell eines „Wendehalses", eines Typus, der nie untergehen wird.

Agamemnon: Der *Hohlkopf* (K. 49) kompensiert seine Schwäche und Angst mit Machtausübung; er opfert seine Tochter Iphigenie dem Krieg, angeblich gegen seinen eigenen Willen.

Achill: Beispiel für ein „Heldentum" aus Menschenverachtung; seine Bestialität zeigt sich nicht nur in der Mißachtung menschlicher Regeln: Um sich selbst zu fühlen, vernichtet, schändet und zerstört er (Briseis, Penthesilea), schlimmer als jedes Tier. Hinter diesem sorgsam aufgebauten „Image" der Härte verbirgt er seine homoerotische Schwäche sowie die innere Leere, die dem allem zugrunde liegt.

Kalchas: Der Priester und Seher läßt sich von seiner Angst übermannen, da er verzweifelt am Leben hängt. Dies zeigt sich besonders im Verhalten gegenüber seiner Tochter Briseis.

Panthoos: Der Apollo-Priester bleibt als gebürtiger Grieche stets in Distanz zur Gesellschaft Trojas; für Kassandra, die ihn als Egoisten und Zyniker beschreibt, ist er Widerpart, Lehrer und ungeliebter Sexualpartner zugleich. In der Auseinandersetzung mit ihm festigt sie ihre Ansichten.

Polyxena: Die Frau als Opfer. Dies zeigt sich im Verhalten
– Kassandras, deren Geltungsdrang sie um das Priesteramt bringt,
– des Vaters, der sie als „Lockvogel" für Achill benutzen läßt (und von dem sie träumt, er tue ihr Gewalt an!),
– ihres Geliebten Andron, ihrer Brüder, Achills etc.
Ihre Selbstaufgabe und Todessucht bedeuten nicht nur Resignation, sondern auch demütigende Rache an ihrer Familie. Kassandra erkennt spät ihre Mitschuld an der Tragödie der Schwester.

Penthesilea (ausführlicheres Porträt)

Die Amazonenkönigin kommt mit ihren Kriegerinnen, um die Trojaner im Kampf gegen die Griechen zu unterstützen. Sie sieht in der Teilnahme am Krieg ein Mittel, diesen zu beenden und nimmt es in Kauf, selbst „Schlächterin" zu werden, um die Männer – die mit dem Schlachten begonnen haben – zum Aufhören zu zwingen (K.136). Die Identifikation mit dieser Zielsetzung ist formgebend für ihre ganze Persönlichkeit. Obwohl sie eine Frau ist und sich bei den Frauen vom Skamandros aufhält, läßt sich ihre Denk- und Verhaltensweise eher der Männerwelt zuordnen:

Penthesilea	**Gegenwelt der Frauen**
– Selbstverständnis als Kriegerin;	– Selbstverständnis als weibliche Menschen;
– lehnt Männer ab;	– nehmen Männer ebenso auf wie Frauen;
– Weltsicht; statisch, Freund-Feind-Schema;	– oberstes Ziel: menschlich zu handeln;
– will lieber sterben, als von Männern besiegt und versklavt zu werden.	– streben ein Leben jenseits von Töten und Sterben an.

Kassandra berichtet über ein Gespräch, das Penthesilea bei Anchises mit Arisbe, Oinone, Hekabe und anderen Frauen am Skamandros führt (K. 135ff.). Daraus läßt sich einiges über den Charakter der Amazonenkönigin ableiten:

– Penthesileas Denken ist widersprüchlich:
Sie kämpft bedingungslos gegen alle Männer – mit den Mitteln der Männer. Um ihr dies deutlich zu machen, findet Arisbe die Formel (als Frage bzw. Denkanstoß gedacht): *Wir sollen tun, was sie* [= die Männer] *tun, um unser Anderssein zu zeigen!* (K. 136).

Hier liegt der fundamentale Unterschied zum Selbstverständnis der Frauen am Skamandros: Diese trennen nicht zwischen Freund und Feind, Mann und Frau, Herrschenden und Untergebenen, da sie in dieser Trennung die Ursache für all das Töten und Sterben sehen. Statt auszugrenzen, praktizieren sie Menschlichkeit gegenüber jedem, der zu ihnen kommt. Das verleiht ihnen ihre Stärke.

– Penthesilea grenzt sich ab:
Das von ihr als feindlich Klassifizierte tötet sie mit der Waffe; die undurchdringlichen Grenzlinien geben ihr Halt und Identität.

– Penthesilea ist kompromißlos; ihre Starrheit bestimmt auch das Schicksal ihrer Amazonen:

Stets beschränkt sich ihre Rede auf ein, zwei kurze, in schroffem Ton eingeleitete Sätze: *Sie sind Schlächter. [...] So tun wir, was wir müssen* (K. 136).

Als Killa sie bittet, sich von der Welt des Krieges abzuwenden, schwankt sie nur kurz, bevor sie mit einem harschen *Nein* (K. 137) nicht nur ihre eigene Chance zur Veränderung zunichte macht, sondern auch die *helle Sehnsucht* (K. 137) Myrines (und wohl auch anderer Amazonen).

– Penthesilea verbietet sich Gefühle:
Auch die liebevollen Bitten der Sklavin Killa können sie nicht veranlassen, den Gefühlspanzer abzulegen.

– Penthesilea hat auf alle Beteiligten Wirkung:
Die Kluft zwischen Penthesilea und sich erklärt Kassandra folgendermaßen: *Scharfäugig und scharfzüngig, war sie mir eine Spur zu grell* (K 135). Mit ihrer herausfordernden Art zwinge Penthesilea jeden, Farbe zu bekennen. Wie Kassandra *nicht Fisch, nicht Fleisch* (K. 137) zu sein, ist unter den Amazonen bereits Grund zur Verachtung.

Bedeutung Penthesileas für die Männer:
Penthesileas konsequente Haltung (*Lieber kämpfend sterben als versklavt sein*, K. 135), läßt alle vor ihr zurückweichen; für Männer wie Priamos dürfte dabei wichtig sein, daß sie als Frau die Kraft aufbringt, sich mit Fleisch und Blut als Kriegerin zu sehen, während sie selbst innerlich unablässig mit ihrer eigenen Schwäche zu kämpfen haben.

Bedeutung Penthesileas für Kassandra:
Durch die Auseinandersetzung mit Penthesilea erkennt Kassandra immer deutlicher die Wichtigkeit der Gemeinschaft am Skamandros: Sie sucht sich stärker zu integrieren. Penthesileas Abneigung zwingt sie auch zu genauerer Selbsterkundung – ein weiterer Schritt zu ihrer Selbstfindung.

Aufgaben mit Lösungstips

Aus den Aspekten, die wir im Interpretationsteil behandelt haben, lassen sich vielfältige Aufgaben stellen. Zu einigen davon wollen wir hier Lösungshinweise geben, die zugleich die Interpretation ergänzen.

❓ 1. Aufgabe

Anfang und Ende der Geschichte: Kassandra und Aineias

Textstellen: *Hier war es. […] wir wußten es* (K. 5–8) und: *Als ich mit Aineias […] scheinen sie sich zu rühren* (K. 158f.).

a) Welche Funktion haben diese beiden Textabschnitte für den Gesamtzusammenhang der Erzählung?
b) Was erfahren wir hier über Kassandras Beziehung zu Aineias?

❗ Lösungstip

a) Die beiden Textstellen enthalten den Erzählrahmen (s. S. 26f.). Inhaltlich zeigen sie uns Kassandra kurz vor ihrem Tod, zu Beginn aufgeregt-konfus, nach ihrer Erinnerungsarbeit dagegen abgeklärt und einverstanden mit ihrem Tod (s. S. 29f.).

Der Anfang skizziert bereits viele wichtige Motive der Erzählung:

– Kassandras Todesangst: Auslöser ihrer Gedankenarbeit,
– Verlust ihres Glaubens an Götter und an die Aufgabe als Priesterin, Botschaften zu verkünden,
– dafür: stärkere Gewichtung des tätigen Menschseins (Beobachtung von Marpessas Handeln),
– vage Hoffnung, selbst Impulse gegeben zu haben, die nach ihrem Tode weiterwirken,

- Erkenntnis: Ihr äußeres Schicksal hat stets Komponenten in ihrem Inneren,
- Antwort auf die Frage nach dem Sinn des Lebens: Lust an Erkenntnis („Sehen-Lernen"), Abbau eigener Aggressionen, Ich-Werdung.

Am Ende hat sie sich Klarheit über all diese Themen verschafft, ihre Lebensbilanz ist vollständig.

b) Über ihre Beziehung zu Aineias erfahren wir hier: Beide hatten für einander immer Verständnis und Zuneigung. So ist die Todgeweihte neidlos einverstanden mit seinem Überleben, auch wenn sie nicht mit ihm fliehen wollte: Nach all ihren Erfahrungen mit der harmonischen Anti-Kriegsgesellschaft am Ida und Skamandros (s. S. 52, 59) will sie nicht die (für sie zwangsläufige) Entwicklung ihres sanften, geliebten Partners zum patriarchalischen Führer und Helden miterleben. In der Auseinandersetzung über diese Frage nimmt Aineias bereits Züge eines Befehlenden an, die er benötigen wird, um sich in der Welt der aggressiven Griechen, der neuen Weltherrscher, durchzusetzen. *[I]m Zorn* (K. 87) wirft er den Schlangenring, das Symbol der alten Weltordnung (s. S. 33), ins Meer. (Weitere Stellen zu Aineias im Register, s. S. 63)

❓ 2. Aufgabe

Palastwelt und Gegenwelt

Textstelle: *Auch der Palast [...] nicht so übel* (K. 56–60)

a) Untersuchen Sie den Textausschnitt im Hinblick auf seine Strukturierung!
b) Wie sieht Kassandra die „Gegenwelt" am Skamandros im Vergleich zu der Palastwelt, aus der sie kommt? Zu welcher Erkenntnis kommt sie durch ihre Beobachtungen?

! Lösungstip

a) **Strukturierung des Inhalts:**
   Kassandra sucht Aufklärung über Paris an den Orten:
   - **Zitadelle:** *Ein Palast des Schweigens* (K. 56), daher Umweg über Aisakos/Arisbe
   - **Markt:** Suche nach Arisbe
   - **Höhle** am Skamandros: Gespräch mit Arisbe ergibt Auskunft
   - **Palast:** Gespräch mit Vater: erste Zweifel an ihm

b) **Vergleich der beiden „Welten":**

Palast von Troja	Gegenwelt am Skamandros
– Schweigen	– Antwort auf Fragen
– „Vergessen"	– „Wissen"
– Überwachung	– Information
– Blindheit (Kassandra bemerkt Bewacher nicht, Priamos erkennt Zunge nicht)	– Sehen, Wahrnehmen
– Reglement (Kassandra muß sich beim Vater melden lassen)	– Dschungelartiges Wuchern, Natur, Sinnlichkeit (Düfte, Feuer, Dunkel)
– Männer dominieren	– Frauen prägen diese Welt

⇒ Kennenlernen der Gegenwelt zum Palast als Anfang der Erkenntnis: Kassandra beginnt, Priamos zu „sehen":
   - seine Macht- und Eifersucht (gegenüber Paris, K. 59)
   - seinen Wankelmut (K. 59f.)
   - seine Blindheit (Hundezunge)
   - sein „Aufplustern" (K. 60)

❓ 3. Aufgabe

Sprache
Textstelle: *Ich bestand darauf, [...] sollte ich von meinem Körper reden* (K. 88–93)

a) Geben Sie kurz die Strukturierung der Textstelle wieder,
b) und analysieren Sie die Funktion der Erzählperspektive!
c) Untersuchen Sie charakteristische sprachliche Mittel im Hinblick auf die Autorintention!

❗ Lösungstip

a) **Strukturiert** ist dieser Abschnitt als Abfolge von Gedanken und Erinnerungen auf verschiedenen **zeitlichen Ebenen**:

Gegenwart:
Kassandra wartet auf ihre Ermordung (K. 89f.)

Vergangenheit:
Sie erinnert sich an ihr Erscheinen im Rat nach Troilos' Tod und den damit verbundenen Bruch mit dem Vater, das Gespräch mit Panthoos und das Dekret, das Troilos für 20jährig erklärte, um das Orakel zu widerlegen, sowie (in einem Vorgriff) an das Ende des Panthoos. Rückblickend sieht sie Troilos, Aineas, Hektor, Paris sowie die Beziehung zu ihrem Vater, die durch die Szene im Rat und die erzwungene Heirat zu Haß, bzw. zu gleichgültig-kühler Distanz wurde.

Zukunft:
In die Zukunft blickend, eröffnet sich ihr nicht nur der Tod, sondern auch die Unzulänglichkeit der Geschichtsschreibung, die das Wichtige (für Kassandra: *Schmerz, Glück, Liebe*, K 91) nicht wiedergeben kann.

b) Die **Perspektive** ist die der **Ich-Erzählerin** Kassandra, die allerdings am Ende ihres Lebens als „Seherin" beinahe **all-**

wissend geworden ist. Dennoch ist es ihr subjektives Erleben, das hier berichtet wird.

Die **Bewußtseinsstromtechnik** macht es dem Leser möglich, mit der Figur zu fühlen und zu denken. Dabei hilft der Wechsel bei der Verwendung des Personalpronomens (*Sie – Ich*, K. 88), Distanz zu gewinnen, sich nicht in Empfindungen zu verlieren, sich „bewußt zu werden". An einigen Stellen werden jedoch bloße Gedanken vermittelt, das distanzierte Ich verschwindet, und Kassandra gibt spontane Empfindungen aus der Erzählgegenwart wieder: *Soll ich doch absteigen* (K. 89). Man beachte hier die Frage ohne Fragezeichen – der Gedanke im **Inneren Monolog**. (Zu diesen Begriffen s. S. 28)

c) Charakteristische **sprachliche Mittel** im Hinblick auf die **Autor-Intention**

– Ein typisches Stilmittel ist in den Berichten aus der Vergangenheit die **direkte** bzw. **indirekte Rede** im Verbund mit sprachlicher **Kürze**:
  – So werden die haarsträubenden Aussagen eines Priamos oder Panthoos um so markanter (Zitatcharakter!);
  – Auch Kassandras eigene Sätze (Szene im Rat, K. 88) wirken in ihrer Kürze um so eindringlicher;
  – Kürze kann auch **Emotionalität** steigern: *Seine Tochter! […] Hinaus mit der Person.* (K. 88)

– Personen werden einprägsam charakterisiert durch **feste Attribute**: *Kalchas der Seher, Kalchas der Verräter.*

– Die **Wiederholung** von **Schlüsselwörtern** (*Haß, Achill das Vieh*) dient zur Steigerung der Emotionalität; eine gewisse **Rhythmisierung** wird dadurch ebenfalls erreicht. Schlüsselwörter eröffnen auch neue gedankliche Bereiche, z. B. die *Weiden*, welche Assoziationen mit Heimat, den Frauen am Skamandros, sowie Sehnsucht nach Liebe hervorrufen. (Zur Weide s. auch S. 32)

- **Ausrufe und Beschwörungen** zeigen Kassandra in ihrer Funktion als Seherin (*O über die furchtbare Fruchtbarkeit der Hekabe*. K. 92) und Priesterin. Sie sind oft gebildet aus Wortspielen und Schlagwörtern und haben manchmal den Charakter von Gebetsformeln.

- Im Gegensatz zur sprachlichen Kürze steht die **poetische Bildersprache**, z. B. in Marpessas **Lied**:
Hier wird die Seele mit einem Vogel gleichgesetzt, ein Bild, das Kassandra aufnimmt und auf ihre Weise interpretiert. Zum einen dient es einem **Vergleich** mit dem Krieg, der den Tod des Vogels und damit der Seele bedeutet, zum anderen dient es ihr als **Metapher** für die emotionale Beziehung zu ihren Kindern, das „Erwachen ihrer Seele". Sowohl das Lied wie auch das Bild der **Weide** (s. S. 32) sind Beweise dafür, wie Kassandra sich immer wieder von Beobachtungen, die sie an ihrer Umwelt macht, bzw. von Sinneseindrücken gefangennehmen und in den Bereich ihrer Erinnerungen tragen läßt.

Stets ist ihr jedoch der Versuch anzumerken, nüchtern, klar, bewußt zu bleiben. Der **Wechsel** zwischen Gefühl und Vernunft ist für ihre Erinnerungsarbeit typisch: *Wenn ich an Troilus [...] denke, blutet mir das Herz*. Dann jedoch, wieder ihre eigene Entwicklung betrachtend, nimmt sie sich zurück: *Die Frauen in den Bergen haben mir den Hochmut ausgetrieben* (K. 92).

Personenregister

Achill	12, 30f., 49, 67, 85–87, 92, 95–97, 100, 118f., 121f., 124–131, 137–139, 144–146, 150, 153, 157
Agamemnon	6, 10–12, 13, 27, 49, 50, 61–63, 90f., 94, 120, 127, 129
Gr. Aias	62, 127f., 130
Kl. Aias	48, 62, 157f.
Aineias	7f., 12, 17, 21–23, 31, 33, 35f., 38, 43, 46, 49, 52f., 66, 75, 77, 80, 83, 87, 90f., 100–103, 107, 110, 113, 117, 119, 121, 127, 129, 132–134, 141–143, 152, 154, 156, 158
Aisakos	50–52, 56–59
Anchises	36, 38f., 42, 46, 53, 66, 75, 80, 105–109, 114, 121–123, 126f., 129, 135, 138, 142f., 151, 154f.
Andromache	67, 104f., 116, 130f.
Andron	108, 111–113, 124–126, 130, 147, 150, 158
Aphrodite	68, 76
Apollon	14, 19, 28f., 32, 39, 41, 66, 74, 84, 87, 92, 99, 101, 115, 124, 127, 132, 140, 142, 144, 157
Arisbe	51, 56–59, 61–63, 72–74, 79, 83, 90, 99, 102, 108, 129, 136, 141–143, 152, 154f.
Artemis	51, 62, 135, 142
Asterope	50–52
Athene	12, 20, 63, 124, 135, 142, 156f.
Briseis	56, 64f., 67, 74, 83, 86, 93–95, 97f., 127, 129
Deiphobos	54
Diomedes v. Argos	94f.
Eumelos	36, 53, 59, 64–69, 74–76, 78, 81, 83, 88f., 93, 97f., 100, 103, 105f., 108, 112, 117–119, 121f., 130, 135, 140, 145, 147, 157
Eurypilos	92, 153
Hekabe	12f., 15, 17, 19–25, 28–31, 42, 44f., 47–49, 51f., 55f., 58, 60, 64, 66, 69, 71, 73, 75, 92, 99, 105–108, 116, 124, 127, 131, 136, 143f., 146, 153, 157f.
Hektor	39f., 54, 64, 66f., 84f., 92, 100, 104f., 107, 116, 125–130
Helena	68f., 76, 78–83, 88, 94, 98f., 130, 146
Helenos	29, 34–36, 103f.
Herophile	21, 67, 84, 86, 99–101, 125

Hesione	42f.
Iphigenie	62, 120
Kalchas	34, 38, 42, 44–46, 48, 50, 56, 58, 63f., 74, 88, 93–96, 120, 127
Killa	129, 136f., 142f., 152
Klytaimnestra	12, 49f., 62f., 94f., 110, 120
Kybele	23f., 84, 90, 142, 152, 154
Lampos	37–39
Laokoon	103f.
Lykaon	118
Marpessa	5–8, 15f., 19, 23–25, 27, 29, 31, 45–48, 55f., 61, 71, 83f., 91, 99, 102, 108, 119, 134, 137f., 142, 154
Menelaos	60f., 63–67, 69f., 79, 82, 94, 96, 130
Merops	52
Myrine	7–10, 91, 108, 133, 135, 137f., 151, 156f.
Odysseus	12, 61, 94, 96, 153
Oinone	55f., 67–70, 73, 79, 89f., 107f., 119, 129, 136f., 141f., 155
Panthoos	14f., 18f., 26, 28–30, 32f., 35, 37–41, 57, 63–65, 71, 73f., 77–79, 82–84, 88f., 104, 106, 114, 117, 120, 125, 132, 135, 140f.
Paris	52–56, 59f., 63, 66–69, 73, 75–81, 88, 90, 92, 116, 131, 137, 144–147, 155
Parthena	19, 21, 23f., 29, 43, 45, 52, 56, 70–72, 79, 91, 99, 108
Patroklos	129, 131
Penthesilea	8–10, 49, 124, 133, 135–141, 151
Polyxena	18, 30f., 33f., 49, 64, 92, 110–113, 122, 124–126, 129–131, 144–146, 150, 153, 157f.
Poseidon	11f., 39
Priamos	15–17, 25, 30f., 33, 40, 44f., 48f., 51f., 54f., 57, 59, 62–64, 66, 71, 73, 75–77, 81f., 88f., 92f., 98f., 106, 109, 113, 116, 122, 130f., 135, 144–147, 149, 151, 153, 156
Pythia	39
Selene	101
Telamon v. Sparta	42
Thetis	96
Troilos	30, 49, 65, 67, 75, 83–89, 92f., 124
Wagenlenker	18, 133ff.